Claire-Agnès Gueutin

Benjamin Zimmer

UNE ENTREPRISE
RESPONSABLE ET **RENTABLE,**
C'EST POSSIBLE

Avec 18 entretiens de dirigeants d'entreprise

Préface de **Pascal Demurger**

© 2020, Claire-Agnès Gueutin, éditions ContentA
Couverture © Florence Lorrain
Tous droits réservés
Impression : BoD - Books on Demand,
Norderstedt, Allemagne
ISBN : 978-2-9569697-3-0
Dépôt légal : septembre 2020

SOMMAIRE

Préface 5

Présentation 9

Introduction 13

Partie 1. Une entreprise responsable et rentable, qu'est-ce que c'est ? 17

Partie 2. Les entreprises responsables et rentables racontées par leur dirigeant 31

1083 par Thomas Huriez 33

C'est qui le patron ?! par Nicolas Chabanne 41

Camif par Emery Jacquillat 46

CASTALIE par Thibault Lamarque 54

Ethiquable par Rémi Roux 59

Famileo par Armel de Lesquen 65

Hamac par Florence Hallouin 70

La Brosserie Française par Olivier Remoissonnet 76

Oui Care par Guillaume Richard 82

PHENIX par Jean Moreau 89

Photosol par David Guinard 96

Saint Honoré Cleaning par Marine Billiard 103

SEB par Joël Tronchon 110

Système U par Dominique Schelcher 117

En résumé..**123**

Partie 3. Le financement des entreprises responsables et rentables.. **129**

Alter Equity par Fanny Picard...132

LITA.co par Eva Sadoun 140

Partie 4. La comptabilité des entreprises responsables et rentables **147**

La Comptabilité Universelle®
par Pauline de Saint Front...152

Le Modèle CARE par Hervé Gbego 156

Conclusion 163

Remerciements 166

Références 168

Préface

L'un des effets de la crise sanitaire que nous traversons est, sans doute, de renforcer des impératifs en apparence contradictoires. D'un côté, elle a accentué notre perception de l'urgence climatique mais aussi des incohérences de notre système économique actuel. D'un autre côté, l'ampleur de la crise économique qui s'annonce augmente la tentation d'une priorité absolue donnée à la relance en dépit de son coût social ou environnemental.

Dans ce contexte, il est encourageant, voire salutaire, de lire un ouvrage comme celui-ci. Je suis en effet profondément convaincu que « responsabilité » et « rentabilité » ne sont pas antinomiques. Au contraire, l'économie « de demain », selon l'expression désormais consacrée, doit s'appuyer sur ces nouveaux modèles d'entreprises qui font de l'engagement la source de leur performance et les 18 dirigeants qui témoignent au sein de ce livre ne feront que vous en convaincre.

Que l'on définisse l'entreprise comme « à mission », « contributive », « à impact », « politique » ou tout simplement « responsable », peu importe, seule compte la signification : la création de valeur économique n'est plus la seule finalité mais elle cohabite avec une intention supérieure, une ambition plus haute, de contribution positive à l'égard de ses parties prenantes et de la société en général.

Pour cela, encore faut-il comprendre ce qu'est cette nouvelle entreprise responsable. Pour reprendre les termes des deux auteurs de cet ouvrage, ce n'est pas seulement une entreprise qui a adopté une politique de RSE. Cela va bien au-delà. L'entreprise ne doit plus seulement limiter ses impacts négatifs, compenser, réparer, mettre en place, en marge de son métier de base, des actions en faveur d'une cause sociale ou environnementale.

Il s'agit véritablement d'exercer son métier lui-même en poursuivant prioritairement cet objectif de contribuer au mieux commun et en étant, de ce fait, encore plus performant. Cela suppose notamment que l'ensemble des processus de l'entreprise soient revus pour veiller à ce que son intérêt converge avec celui de ses parties prenantes et que toute décision, toute activité, tout investissement, soit analysé d'abord en considération de son impact positif. C'est ainsi la condition pour concilier responsabilité et rentabilité, ce modèle que nous défendons ne pouvant fonctionner pleinement que s'il est parfaitement cohérent et donc que tout, dans l'entreprise, est aligné.

Cela nécessite, j'en conviens, pour les dirigeants de structures s'engageant dans cette démarche, de prendre des décisions très fortes, parfois en dépit d'importantes résistances et de faire preuve d'une certaine audace pour privilégier le long terme sur le court terme. Toutefois, ma conviction, à condition que la démarche soit sincère, c'est que non seulement ce modèle fonctionne, mais surtout qu'il est reproductible, transposable quels que soient le secteur d'activité ou la forme juridique.

Cet ouvrage propose ainsi de nombreux témoignages en ce sens, de la start-up au groupe familial, du secteur très concurrentiel de la grande distribution à celui de la production d'énergie. Tous nous démontrent qu'il est possible d'adopter un modèle à la fois engagé et performant. Pour cela, il faut toutefois savoir dépasser les indicateurs habituels, purement financiers.

À la MAIF, nous avons mis en place un outil de pilotage nous permettant d'apprécier les résultats d'une action, d'évaluer la pertinence d'une décision, non pas seulement en fonction de leur contribution au résultat final de l'entreprise, mais en considération de leur apport à quatre familles d'objectifs : l'épanouissement des acteurs internes, la satisfaction des clients, l'impact sur l'environnement et la performance de l'entreprise. Le dernier de ces critères n'est jamais surpondéré, au contraire. Cela signifie, par exemple, qu'une orientation qui aurait pour effet d'augmenter l'efficacité opérationnelle en nuisant à l'un ou à l'ensemble des autres éléments de ce « quadriptyque » ne serait pas retenue. Ce n'est jamais un renoncement à la performance, bien au contraire, c'est une vision différente, dans laquelle le long terme prime sur un résultat immédiat mais fugace.

Il nous faut désormais réfléchir collectivement à des indicateurs extra-financiers solides et facilement compréhensibles par le grand public. Cet ouvrage apporte des pistes intéressantes et essentielles : c'est en changeant notre façon de « mesurer », en toute transparence, les actions et résultats des entreprises, et en apportant aux consommateurs et aux citoyens des outils clairs pour leur permettre d'identifier celles qui s'engagent, que l'économie de demain pourra devenir réellement responsable.

Pascal Demurger
Directeur général du groupe MAIF

Présentation

Claire-Agnès Gueutin

Formatrice en économie, autrice de plusieurs ouvrages de vulgarisation économique, créatrice des éditions ContentA.

J'ai créé les éditions ContentA en septembre 2018 pour valoriser l'entrepreneuriat en donnant la parole aux entrepreneurs, sous forme d'interviews écrites et de livres. J'ai une profonde admiration pour ces femmes et ces hommes qui ont le courage de créer, de rassembler, d'inventer, de proposer...

Au fur et à mesure de mes rencontres avec ces entrepreneurs, j'ai acquis la conviction qu'une entreprise peut être à la fois responsable et rentable. Le premier entrepreneur qui a confirmé l'intuition de ce livre est Emery Jacquillat, connu pour avoir transformé le modèle économique de Camif quand il l'a rachetée avec sa société Matelsom. Au cours de notre discussion, je lui ai dit qu'une entreprise pouvait être rentable et responsable. Je le revois se tourner vers moi et affirmer : « Une entreprise DOIT être rentable et responsable ! » Et il a immédiatement accepté de participer à ce livre.

Il était évident que ce livre devait donner l'occasion aux entrepreneurs eux-mêmes d'expliquer comment ils ont réussi à développer des entreprises responsables et rentables. Je suis très fière d'avoir pu embarquer 18 dirigeants d'entreprise dans cette aventure. Une autre évidence était d'écrire ce livre avec un coauteur, lui-même entrepreneur. Je suis ravie que Benjamin Zimmer ait accepté ce défi. Son regard de dirigeant apporte de la force aux idées développées. Son soutien et son écoute m'ont permis d'écrire ce livre en traversant cette année 2020 si particulière.

Dès les premiers entretiens avec les entrepreneurs responsables, moi aussi, à mon échelle, j'ai modifié mon modèle économique et j'ai sélectionné mes partenaires avec soin et responsabilité. Ce livre est donc diffusé en format broché par un partenaire allemand et imprimé à la demande sur du papier labellisé *Forest Stewardship Council* (FSC) qui assure une gestion durable des forêts ; et en format numérique par un partenaire français. Chacun peut faire sa part sur le chemin de la responsabilité.

Benjamin Zimmer

Entrepreneur et docteur en sciences, diplômé de l'École CentraleSupélec, co-fondateur de l'entreprise Silver Alliance avec le groupe Oui Care, et parrain du programme Bien vieillir de l'organisation Entreprendre pour Apprendre.

Responsable et rentable, ces deux mots guident toutes mes actions depuis mes études supérieures et dans mes aventures entrepreneuriales. L'association de ces deux notions a toujours été au cœur de la stratégie de mon développement et aujourd'hui de l'entreprise Silver Alliance. Il s'agit de la première alliance de marques au monde qui se positionne comme un ensemblier capable d'offrir à chacun toutes les solutions en confiance pour bien vivre et bien vieillir chez soi. L'engagement sociétal chez Silver Alliance est profond. Nous sommes convaincus que la modification de l'image que nous portons sur le vieillissement est de notre responsabilité collective. Elle permettra d'apporter des solutions utiles et concrètes pour les consommateurs et de multiplier les entreprises responsables et rentables dans cette filière.

Alors quand Claire-Agnès m'a proposé de co-écrire un essai sur les entreprises responsables et rentables, je n'ai pas hésité une seconde. Le thème de ce livre est le fil conducteur de toute une vie, de mes valeurs, d'homme, d'entrepreneur et de citoyen.

Je me suis d'autant plus engagé à ses côtés que j'ai déjà eu l'expérience de l'écriture d'un livre à deux avec un grand éditeur français. Cette nouvelle expérience d'écriture chez un nouvel éditeur m'a tout de suite plu. L'écriture d'un livre est aussi une aventure entrepreneuriale. Aventure que je préfère partager avec une autre autrice, parce qu'on est, me semble-t-il, plus forts à deux que tout seul. D'autant plus quand les concepts manipulés sont complexes et nécessitent des points de vue différents et complémentaires pour les observer, les critiquer et être force de propositions.

Ce livre est enfin et avant tout un exemple concret de l'application des mots-clés de son titre « responsable » et « rentable ». Nous avons téléécrit ce livre en pleine crise sanitaire et économique, en mode « gestion de projet », tout en cherchant un modèle économique rentable avec un prix accessible pour tous.

Introduction

Consommer mieux et produire autrement, c'est possible. Les entreprises se réinventent, redéfinissent leurs missions et leurs actions pour l'intérêt général. Elles repensent la création de richesses et sa distribution entre tous les acteurs qui ont participé à sa formation. Ce monde se façonne au quotidien par les choix des consommateurs et par les décisions des entreprises. Ensemble, nous pouvons faire face aux défis économiques, sociaux, sociétaux et environnementaux.

Les consommateurs se préoccupent de plus en plus de leur environnement et des conséquences de leurs achats. Grâce à leurs achats, les produits issus de l'agriculture biologique sont maintenant disponibles chez tous les distributeurs. Avant de consommer, ils s'instruisent en cherchant les informations dont ils ont besoin et qui sont désormais accessibles. Le succès de l'application Yuka est un exemple de cet engouement pour l'information. Grâce à cette application, chacun peut avoir accès à la composition d'un produit alimentaire ou cosmétique et à sa potentielle dangerosité pour notre santé en scannant son code barre. Le succès est tel que l'enseigne Intermarché a modifié la composition de ses produits, retirant 142 additifs de 900 produits vendus sous sa marque distributeur.

Les consommateurs sont prêts à changer leurs habitudes pour des produits plus sains, plus respectueux de l'environnement et plus favorables à l'économie locale. Et pas seulement pour leur alimentation, tous les secteurs de l'économie sont maintenant concernés, y compris le numérique.

Les consommateurs sont en train de devenir des « consommacteurs » : tout en respectant la profondeur de leur porte-monnaie, ils acceptent moins passivement les biens et les services proposés. Ils sont avertis, exigeants et n'hésitent plus à contester le pouvoir des marques allant jusqu'au boycott quand ils le jugent nécessaire. Ils sont soucieux de la composition des produits comme de leurs conditions de fabrication, de leur utilisation optimale et de leur devenir après utilisation.

Les consommateurs attendent beaucoup des entreprises pour répondre aux problématiques contemporaines. Déjà en septembre 2016, l'IFOP révélait dans son enquête sur la valeur d'utilité associée à l'entreprise, en partenariat avec Terre de Sienne, que plus de la moitié des Français considèraient qu'une entreprise devait être utile pour la société dans son ensemble, et pas seulement pour ses clients, ses collaborateurs et ses actionnaires.

Les entreprises ont pris conscience que ces mouvements ne sont pas des feux de paille mais bien une lame de fond. Elles sont alors obligées de répondre à ces nouvelles attentes pour continuer d'exister. Une entreprise qui passerait à côté de ces changements met sa pérennité en danger.

Les entreprises ont un rôle primordial à jouer pour répondre aux enjeux de ce nouveau siècle. Que cela soit par opportunisme ou par conviction, elles sont en train de changer notre monde parce que les clients leur ordonnent et que la planète l'exige. Elles doivent agir avec responsabilité dans tous les domaines :

dans la transition énergétique pour développer des énergies renouvelables ; dans la transition écologique pour diminuer les émissions de gaz à effet de serre, les déchets et toute forme de pollution ; dans la transition numérique pour faciliter la vie des clients et diminuer les tâches pénibles ; dans la transition managériale pour offrir les meilleures conditions de travail ; dans la transition démographique pour faciliter la vie des séniors qui sont plus nombreux que les bébés ; etc.

Les entreprises doivent aller dans une même direction : la recherche du progrès nécessaire pour mieux vivre collectivement sur notre planète en combinant la performance financière et la responsabilité sociale, sociétale et environnementale.

Elles ont dans leurs mains le pouvoir de créer le monde de demain en s'appuyant sur les trois piliers du développement durable : la dimension économique, la dimension sociale et la dimension environnementale. C'est exactement ce que la loi relative à la croissance et la transformation des entreprises, dite la loi PACTE, a confirmé en modifiant le 22 mai 2019 le Code civil pour préciser dans son article 1833 : « Toute société doit avoir un objet licite et être constituée dans l'intérêt commun des associés. La société est gérée dans son intérêt social, en prenant en considération les enjeux sociaux et environnementaux de son activité. »

Les entreprises ne peuvent plus se limiter à l'augmentation du profit sans prendre en considération les conséquences sociétales et environnementales de leurs activités. Elles doivent diminuer leurs externalités négatives, favoriser les externalités positives et créer de la valeur pour toutes leurs parties prenantes, c'est-à-dire pour toutes les personnes influencées par leurs décisions et qui peuvent influencer leurs décisions. C'est ainsi qu'elles deviendront plus responsables, sans pour autant sacrifier leur rentabilité, bien au contraire.

Ce livre vise à montrer cette transformation des entreprises devenant plus responsables en restant rentables. Il ne s'agit pas d'opposer deux modèles d'entreprise mais de présenter une vision d'un monde à construire reposant sur des possibilités. Après avoir précisé ce qu'est et ce que n'est pas une entreprise responsable et rentable, laissez-vous inspirer d'abord par 14 dirigeants d'entreprises qui ont emprunté ce chemin de la responsabilité tout en conservant un modèle économique rentable. Afin d'offrir un point de vue complet, nous vous proposons ensuite la vision de 2 fondatrices de sociétés qui financent des entreprises responsables et rentables, et de 2 personnes qui proposent des nouvelles formes de comptabilité pour mieux mesurer la performance de ces entreprises responsables et rentables grâce à la monétarisation.

Partie 1.

Une entreprise responsable et rentable, qu'est-ce que c'est ?

Une entreprise responsable

Il n'existe aucune définition officielle de l'entreprise responsable. Selon le dictionnaire Larousse, est « responsable » ce « qui est réfléchi, sérieux, qui prend en considération les conséquences de ses actes ». Une entreprise responsable est alors une entreprise qui prend en considération les conséquences de ses actes sur le plan social, sociétal et environnemental. En économie, les conséquences des actes sont appelées les externalités. C'est pourquoi nous avons décidé de définir les entreprises responsables par leurs externalités.

Une entreprise responsable est une entreprise dont l'activité quotidienne dégage d'importantes externalités positives ou réduit fortement les externalités négatives.

Une entreprise est responsable au niveau de son activité, ainsi que dans son organisation, c'est-à-dire dans son fonctionnement quotidien. Elle est aussi responsable vis-à-vis de la société en général et de toutes ses parties prenantes en particulier. Une entreprise responsable prend en considération l'ensemble des conséquences de ses actes et de ses décisions sur tout le monde vivant (les humains, la faune et la flore), sur sa diversité (la biodiversité) et sur son habitat (la nature comme les paysages).

Au sens strictement juridique du terme « responsable », une entreprise est une personne morale responsable de ses actes devant la loi. Elle a des responsabilités vis-à-vis de ses salariés, de ses actionnaires, de ses fournisseurs, de ses clients et de ses partenaires. Elle peut être assignée en justice par toute personne, physique ou morale, qui considère qu'elle est la cause d'un préjudice subi. Mais elle n'est pas encore responsable vis-à-vis de la société toute entière et de la nature en général. Pour le moment, les entreprises ne subissent pas assez les répercussions de leurs externalités qu'elles soient positives ou négatives.

Les externalités

En économie, une externalité, ou un effet externe, est la conséquence positive ou négative d'un acte économique, principalement d'une production ou d'une consommation, sur un autre acteur. L'activité de production ou de consommation d'un agent économique affecte le bien-être d'un autre agent sans qu'aucun des deux ne reçoive ni ne paye une compensation pour cet effet. Les externalités ne sont pas prises en compte dans un prix de marché.

Du point de vue de l'entreprise, elle ne supporte pas de coût quand elle dégage une externalité négative et elle n'encaisse aucun gain quand elle dégage une externalité positive. C'est un effet secondaire de son activité, sans contrepartie marchande. De même, l'acteur qui subit l'externalité ne prend pas part aux décisions de l'entreprise qui l'engendre. Pourtant, il doit gérer les conséquences de cet effet.

Une externalité négative diminue le bien-être des êtres vivants ou diminue un bien commun, comme l'air respirable, l'eau potable, le sol cultivable, etc. L'externalité négative la plus connue est la pollution sous toutes ses formes : pollution de l'air, pollution de l'eau, pollution sonore, pollution visuelle, pollution olfactive, etc.

Si les externalités négatives ne sont pas prises en compte par le marché, elles ont des conséquences économiques importantes. La pollution, pour reprendre cet exemple, en détériorant la santé des habitants d'un pays, augmente les dépenses de santé de ce pays. Mais d'un autre côté, les externalités négatives créent des marchés. Pour garder l'exemple de la pollution, la pollution sonore causée par les véhicules sur les grands axes routiers a permis de créer le marché des murs antibruit.

La pollution n'est pas la seule externalité négative. Sur le plan environnemental, les externalités négatives sont nombreuses : épuisements des sols et des sous-sols, dégradation des sites naturels, perte de biodiversité, changement climatique, etc.

Les externalités négatives sociales et sociétales sont tout aussi préoccupantes : travail dangereux, perte d'employabilité, perte de mobilité professionnelle, inégalités, précarité, injustice, non-respect du droit des enfants, non-respect des droits de l'Homme, etc. Le niveau de gravité de ces externalités est différent d'un pays à un autre. Le travail des enfants, par exemple, est interdit et puni en France mais encore réel dans d'autres régions du monde.

Ce n'est pas parce qu'une externalité ne coûte rien à l'entreprise qui l'engendre qu'elle ne coûte rien à personne. Au final, le coût de ces externalités négatives est subi par la société entière et notre environnement se dégrade.

Face à ces effets négatifs, les externalités positives améliorent le bien-être d'un agent sans que celui-ci n'ait à débourser un centime. Elles reposent souvent sur le principe des synergies, notamment dans le domaine environnemental. L'exemple le plus courant est celui du bon voisinage entre un horticulteur et un apiculteur. Chacun profite de la proximité de l'autre pour développer son activité, sans en payer le prix. Au niveau sociétal, la recherche est l'illustration la plus connue. Le progrès technique est une forme d'externalité positive qui bénéficie à tous sans avoir à subir les frais de recherche. C'est ce qui justifie le financement public de la recherche fondamentale.

Les externalités positives se développent particulièrement au sein des écosystèmes. Dans un écosystème, toutes les parties prenantes se nourrissent les unes les autres. Benjamin Zimmer a d'ailleurs développé la notion d'écosystème à profitabilité intégrale dans son premier ouvrage écrit avec Nicolas Menet, *Startup, arrêtons la mascarade, Contribuer vraiment à l'économie de demain*. Tous les acteurs d'un écosystème s'engagent et fusionnent leurs compétences, en intelligence collective, pour créer ensemble un écosystème à profitabilité intégrale, c'est-à-dire qui profite à chacun, où l'initiative individuelle est préservée dans un cadre collectif. La créativité se déploie dans une perspective d'utilité, ce qui sécurise les entrepreneurs et les investisseurs, crée des emplois, renforce l'attractivité des territoires et permet un accroissement de la compétitivité. Le recyclage des connaissances construit jour après jour des bases de données spécialisées qui permettent d'aller toujours plus loin dans l'expertise des projets à venir. Les externalités positives de chaque acteur profitent à tous les autres acteurs de l'écosystème et favorisent le développement de nouvelles externalités positives.

Entreprise responsable et développement durable

Notre vision de l'entreprise responsable correspond à une application du développement durable au niveau de l'entreprise. Depuis 1987 et la définition de Brundtland, le développement durable est « le développement qui répond aux besoins du présent sans compromettre la capacité des générations futures à répondre aux leurs ».

Trop souvent, le développement durable est restreint à sa dimension sociale et environnementale. C'est oublier le troisième pilier, sans lequel tout s'écroule : l'aspect économique. Une entreprise qui présente un développement social et un développement écologique est dite vivable, mais pas durable. Pour être durable, elle doit prendre en compte la dimension économique donc sa rentabilité.

Cela induit que toute entreprise responsable doit être rentable puisque sa première finalité, la finalité économique, c'est-à-dire assurer sa pérennité, demande une rentabilité. Cette vision change la temporalité du raisonnement entrepreneurial. Une entreprise responsable regarde toujours le long terme. Elle ne se contente pas d'une vision à court terme qui consisterait à favoriser uniquement son profit.

Une entreprise responsable fait passer sa finalité économique avant sa finalité financière. C'est une entreprise qui accorde plus de valeur au temps qu'à l'argent.

Une convention internationale admise par le plus grand nombre sur les implications environnementales, sociales et sociétales se retrouve dans les objectifs de développement durable (ODD) proposés par l'Organisation des Nations unies (ONU) en 2015. Ces 17 objectifs donnent « la marche à suivre pour parvenir à un avenir meilleur et plus durable pour tous. Ils répondent aux défis mondiaux auxquels nous sommes confrontés » selon les propres termes de l'organisation internationale. Ces objectifs comprennent entre autres la disparition de la faim et de la pauvreté, la réduction des inégalités, la production responsable, la croissance durable, la lutte contre le changement climatique, la préservation des écosystèmes terrestres et marins, les énergies propres, l'accès à l'éducation... Chaque objectif est ensuite décliné en plusieurs sous-objectifs, soit 169 cibles en tout. Le but annoncé est de remplir ces 17 objectifs de développement durable en 2030, soit dans moins de 10 ans !

Même si certains de ces objectifs dépendent de la volonté politique, les entreprises ont un rôle primordial à jouer dans leur réalisation. Une entreprise dont l'activité favorise au moins un de ces objectifs est sur le chemin de la responsabilité. Et ce n'est pas parce qu'une entreprise concourt à ces ODD qu'elle va perdre en rentabilité... au contraire !

La rentabilité d'une entreprise

La rentabilité d'une entreprise peut se mesurer de différentes manières. La première et la plus simple est de regarder si elle dégage un résultat positif, c'est-à-dire si ses produits sont supérieurs à ses charges sur un exercice. Mais comme pour la finalité, il ne s'agit que d'une vision financière de la rentabilité. Le seul résultat annuel d'une entreprise ne donne pas assez de précisions sur la façon dont elle a pu obtenir ce bénéfice ou cette perte. Il est plus intéressant d'observer la rentabilité économique d'une entreprise, qui permet d'atteindre la finalité économique, sa pérennité.

Une rentabilité économique suppose un modèle économique rentable sur le long terme.

Et cela dépend de la stratégie entrepreneuriale choisie. Une entreprise peut choisir d'être rentable rapidement dans un marché connu et de grossir dans la capacité accordée par sa rentabilité. Ou bien elle peut décider de croître rapidement pour construire un marché, ce qui suppose d'investir dans son développement au détriment de sa rentabilité à court terme. Il faut alors attendre les retours sur investissement pour enregistrer une rentabilité.

Le plus important est la façon choisie par l'entreprise pour créer de la valeur. Quel que soit le modèle économique mis en place, la création de valeur ne doit pas être au détriment de son environnement. Une entreprise qui supprime de nombreux postes ou qui asphyxie ses fournisseurs pour augmenter rapidement son bénéfice sera certes rentable sur le court terme, mais à long terme, sa rentabilité économique est en danger. Seule la rentabilité économique est pérenne. Au-delà de l'entreprise, c'est la rentabilité de tout l'écosystème qui est en jeu.

Une entreprise responsable n'est pas seulement une entreprise philanthropique

Quels que soient sa taille, son activité et son niveau de responsabilité, une entreprise peut faire preuve de générosité pour des causes diverses à travers le mécénat. Le mécénat consiste à apporter une réponse volontaire à un problème qui est extérieur à l'entreprise et qui ne dépend pas directement de son activité. Il peut prendre la forme de dons à des associations œuvrant pour le bien commun et l'intérêt collectif ou, pour les entreprises de grande taille, de fondations d'entreprise.

Le baromètre d'Admical indiquait qu'en 2017, plus de 3 milliards d'euros ont été versés à des associations ou des projets d'intérêt général par les entreprises. La taille de l'entreprise n'entre pas en jeu dans cette générosité puisque 96 % des donateurs sont des TPE-PME, ce qui correspond à leur poids dans l'économie. Toujours en 2017, les dons étaient principalement orientés vers les projets à vocation sociale (28 %), juste devant la culture (25 %) et l'éducation (23 %). L'environnement ferme la marche avec moins de 5 % des dons.

L'un des plus importants mouvements mondiaux de générosité, nommé « 1 % pour la planète », consiste à verser 1 % de son chiffre d'affaires à des associations agréées, qui participent activement à la protection de notre environnement. Initié en 2002 aux États-Unis par Yvon Chouinard, fondateur de Patagonia, et Craig Mathews, ce mouvement réunit en 2020 plus de 2 500 organisations dans 45 pays. Plus de 200 millions d'euros ont déjà été collectés. En France, 536 entreprises versent un peu plus de 7 millions d'euros par an à des associations environnementales.

La philanthropie fait partie des valeurs des entreprises responsables, mais ce n'est pas une condition suffisante pour être sur le chemin de la responsabilité.

Mécénat et responsabilité sociale des entreprises sont parfois imbriqués. Pour certaines entreprises, ce sont deux engagements différents, quand d'autres considèrent le mécénat comme une modalité de la RSE. Pourtant, si le mécénat est une action volontaire, dirigée vers l'extérieur de l'entreprise, la RSE se tourne vers l'intérieur de l'entreprise.

Une entreprise responsable n'est pas seulement une entreprise qui mène une politique RSE

La responsabilité sociale (ou sociétale) des entreprises (RSE) a fait son apparition au début des années 2000. À ses débuts, la RSE aussi revêtait un caractère volontaire. La Commission européenne la définissait en 2001 dans son livre vert *Promouvoir un cadre européen pour la responsabilité sociale des entreprises* comme « l'intégration volontaire, par les entreprises, de préoccupations sociales et environnementales à leurs activités commerciales et leurs relations avec leurs parties prenantes ». En France, c'est la norme ISO 26000 qui fait référence depuis 2010 et qui définit le périmètre de la RSE autour de 7 questions centrales : la gouvernance ; les droits de l'Homme ; les relations et les conditions de travail ; l'environnement ; la loyauté des pratiques ; la prise en compte des consommateurs ; les communautés et le développement local. Ces lignes directrices sont un cadre proposé aux entreprises comme pistes de réflexion, en aucun cas des exigences.

En 2011, la Commission européenne donne une nouvelle définition de la RSE : « la responsabilité des entreprises vis-à-vis des effets qu'elles exercent sur la société ». L'entreprise doit mettre en place une collaboration étroite avec l'ensemble des parties prenantes pour intégrer les préoccupations en matière sociale, environnementale, éthique, de droits de l'humain et des consommateurs.

Toute organisation peut mettre en œuvre une démarche RSE. Cela marque une grande étape sur le chemin de la responsabilité d'une entreprise puisqu'elle atteste d'une prise de conscience du rôle de l'entreprise dans l'amélioration de son environnement. Mais la RSE n'est pas encore assez intégrée dans les décisions stratégiques des entreprises. C'est d'ailleurs ce que souligne le rapport de Nicole Notat et Jean-Dominique Senard, *L'entreprise, objet d'intérêt collectif*, à l'origine de la loi PACTE, qui met aussi en avant les inégalités des politiques RSE dans les organisations : « La RSE reste ainsi parfois considérée comme un affichage, un supplément d'âme, ou un exercice formel de conformité à une grille de questions. »

C'est l'une des raisons pour laquelle cette loi a choisi d'ériger un nouveau statut à part entière : l'entreprise à mission.

Une entreprise responsable n'est pas seulement une entreprise à mission

Un autre pas vers la responsabilité des entreprises françaises a été franchi avec la loi PACTE, qui introduit la notion d'entreprise à mission. Une entreprise à mission concilie l'intérêt commun des associés et l'intérêt général. Elle inscrit dans ses statuts une raison d'être et un ou plusieurs objectifs sociaux ou environnementaux. La mission de l'entreprise est alors de poursuivre ces objectifs dans le cadre de son activité. Les statuts doivent aussi préciser les modalités choisies par l'entreprise pour exécuter et suivre cette mission. Un comité de mission, qui comprend au moins un salarié, est chargé de ce suivi et de joindre son rapport au rapport de gestion.

La mission permet d'aligner toutes les parties prenantes de l'entreprise dans une action de long terme. Le profit devient un outil pour la mission et plus une fin en soi. Le principal avantage de l'entreprise à mission est le caractère opposable de sa raison d'être et de sa mission. Aucun projet ne peut s'opposer à cette mission. Tous les acteurs, internes et externes, doivent respecter et faire respecter la mission. Même en cas de modification de l'actionnariat ou de l'équipe dirigeante, la stratégie de l'entreprise ne peut plus se détourner de cette mission.

C'est une étape importante dans le développement d'un nouveau modèle d'entreprises plus conscientes de leurs responsabilités, même si cela reste un outil puissant de marque employeur et un argument pour attirer les consommateurs. D'ailleurs, certaines entreprises responsables n'ont pas engagé de démarches pour devenir une entreprise à mission. Une entreprise peut être responsable sans être une entreprise à mission au sens de la loi PACTE.

Une entreprise responsable n'est pas seulement une entreprise labellisée

Les labels, tout comme les agréments et les certifications, se développent pour estampiller les entreprises. Cette profusion leur fait parfois perdre leur lisibilité et leur efficacité pour les consommateurs qui ont du mal à s'y retrouver. Ils servent autant à valoriser la marque employeur qu'à valoriser une réelle démarche responsable.

Surtout, ces démarches sont coûteuses en argent comme en temps et toutes les entreprises n'ont pas la possibilité de consacrer autant à l'obtention de ces signes distinctifs. En France, les labels font l'objet d'une reconnaissance officielle avec une publication au Journal officiel. Ils sont délivrés sous le contrôle de l'État. Un agrément est une autorisation officielle délivrée par les pouvoirs publics alors qu'une certification est une reconnaissance de conformité, comme la certification Norme Française délivrée par l'AFNOR.

Mais les labels privés se multiplient. L'un des labels les plus contraignants en termes de développement durable est le B-corp (pour *Benefit Corporation*) importé des États-Unis. Le processus de conformité commence par une auto-évaluation de l'organisation en matière environnementale, sociale et de gouvernance. Ces 200 critères proposés dans une démarche complètement gratuite donnent des pistes très pertinentes d'évaluation. Si plus de 80 critères sont remplis, l'ONG qui gère cette démarche procède alors à des vérifications et des contrôles pour accorder le B-corp pour une durée de deux ans.

Même si certaines entreprises de ce livre ont obtenu le label B-corp comme Camif, PHENIX, LITA.co, etc., une entreprise peut être responsable sans être une B-corp.

Une entreprise responsable n'est pas seulement une entreprise de l'ESS

Un pan entier de l'économie française s'est engagé dans la responsabilité depuis déjà plusieurs années : l'économie sociale et solidaire (ESS). L'ESS regroupe des associations, des fondations, des coopératives, des entreprises et des mutuelles qui ont des activités d'utilité sociale et qui sont fondées sur le principe de la solidarité. Toutes ces organisations adoptent des modes de gestion démocratiques et participatifs, et les bénéfices doivent être réinvestis. Depuis 2014, la loi relative à l'économie sociale et solidaire encadre ces organisations et a créé un agrément entreprise solidaire d'utilité sociale (ESUS) pour favoriser le développement des entreprises de ce secteur. Les ESUS démontrent tous les jours qu'un but lucratif peut se cumuler à la prise en compte des conséquences sociales, sociétales et environnementales d'une entreprise.

Nous avons décidé de nous intéresser uniquement aux entreprises à but lucratif. Les associations, les fondations et les organisations non gouvernementales (ONG) peuvent être des modèles de responsabilité mais leur but non lucratif rend le souci de la rentabilité moins préoccupant.

Certaines entreprises de ce livre ont reçu l'agrément ESUS, comme CASTALIE, Ethiquable, LITA.co, Camif, etc. Mais une entreprise peut être responsable sans faire partie de l'ESS.

Partie 2.

Les entreprises responsables et rentables racontées par leur dirigeant

Les entreprises responsables et rentables dessinent un nouveau modèle économique d'entreprises à la fois performantes et soutenables qui prennent soin des humains et de l'environnement dans un monde avec des limites.

La meilleure preuve que c'est possible est de leur donner la parole. Nous sommes allés à la rencontre des entrepreneurs qui ont réussi à s'engager sur le chemin de la responsabilité sans sacrifier leur rentabilité.

Chaque entretien reprend la mission de l'entreprise, comment l'entreprise a réussi à réduire ses externalités négatives et augmenter ses externalités positives, et le modèle économique de l'entreprise. Les entreprises sont présentées par ordre alphabétique. Chaque personne interviewée est responsable de ses propos et des chiffres qu'elle avance.

Parce que la responsabilité concerne tout type d'entreprise, ces entreprises sont aussi bien des PME que des grands groupes, réparties dans toutes les régions de France. Elles représentent un large spectre des activités, de la production de biens matériels aux services, en passant par les produits alimentaires, de l'ameublement au textile, de l'entretien au photovoltaïque, de la grande distribution au service à la personne. Les modes d'organisation sont aussi diversifiés puisque certaines de ces entreprises sont des sociétés coopératives et participatives (SCOP) et d'autres sont des sociétés par actions simplifiées (SAS).

1083
par Thomas Huriez

« La proximité est le moyen le plus puissant pour changer le monde. »

Fonction :	fondateur et président
Société :	1083
Secteur :	textile
Date de création :	2013
Effectif :	entre 50 et 150
Siège social :	Romans-sur-Isère (26)

La mission de 1083

1083 est une marque de jeans et de baskets éco-conçus et produits au plus près du consommateur. Notre mission est de vendre des vêtements et des chaussures de qualité à un prix juste, fabriqués avec des matières premières qui respectent la planète, par des personnes qui sont respectées dans leur travail et leur savoir-faire. **La proximité est le moyen le plus puissant pour changer le monde.**

- La proximité temporelle : le consommateur voit les effets immédiats de son achat, il sait que son argent permet de privilégier un coton biologique et de créer les emplois de celles et ceux qui fabriquent ses jeans en France.

- La proximité de circuit court : il y a peu d'intermédiaires entre 1083 et ses clients, ce qui réduit l'impact du marketing dans le prix de vente des produits. Les consommateurs peuvent même venir visiter nos ateliers et discuter avec nos salariés. Le tourisme industriel est aussi une façon de revaloriser nos savoir-faire.

- **La proximité géographique** : un jean conventionnel parcourt jusqu'à 65 000 km avant d'arriver dans l'armoire du consommateur qui le portera ! Avec 1083, le consommateur français a l'assurance d'avoir un jean qui a été fabriqué à moins de 1083 kilomètres de son domicile, d'où notre nom. C'est la distance qui sépare les deux villes de l'hexagone les plus éloignées, Menton et Porspoder.

Chaque décision est prise à l'aune de la proximité. Pour accueillir nos clients, notre communication repose sur l'honnêteté, la sincérité et la transparence. Nous informons notre communauté en temps réel de tout ce qui nous arrive, les bonnes comme les mauvaises nouvelles. **La proximité et la transparence sont bien plus efficaces que n'importe quelle carte de fidélité** parce qu'elles permettent d'engager les consommateurs dans nos actions concrètes. 1083 propose une fabrication locale, à partir de matières premières issues de l'agriculture biologique, en circuit court, avec des effets immédiats sur l'environnement et sur les emplois en France.

Les externalités positives de la proximité

Notre volonté est de reconstruire une filière textile complète de proximité pour créer un maximum d'emplois sur notre territoire et pour limiter les transports de vêtements donc réduire l'empreinte carbone de notre consommation de vêtements.

La mondialisation comme nous la connaissons est intenable en termes de ressources. Et l'autarcie n'est pas la solution. La consommation doit se situer entre les deux : pour certains enjeux, la solution est locale, pour d'autres, la solution peut être nationale ou européenne, voire mondiale.

Pour les jeans, nous prouvons avec nos clients qu'ils peuvent être conçus, dessinés, filés, assemblés, etc. sur le territoire français. Seul le coton provient de l'extérieur, et nous ne sélectionnons que du coton issu de l'agriculture biologique pour tous nos jeans. Selon l'OMS, la culture du coton couvre seulement 3 % des terres cultivées dans le monde mais reçoit un quart des insecticides et plus de 10 % des pesticides vendus dans le monde ! De même, le délavage de nos jeans est effectué par une machine laser pour ne pas utiliser de produits chimiques. Depuis le début de l'aventure 1083, nous avons réussi à créer 70 emplois en France dont des ouvriers. Et j'insiste sur le mot « ouvrier » remplacé inopportunément par le mot « opérateur » alors qu'il fait référence à l'œuvre, à l'ouvrage. Nous sommes fiers de nos ouvriers et de leurs savoir-faire.

Je travaille pour qu'il soit aussi gratifiant d'être ouvrier de la filière textile que cuisinier. Depuis des années, grâce à leur passion et à leur médiatisation, les métiers de la cuisine sont maintenant reconnus comme des beaux métiers. La filière textile est en train de redorer le blason des couturières et de toutes celles et ceux qui ont été si utiles pendant la crise sanitaire. À quand une émission de télévision à grande audience sur les savoir-faire des ouvriers ?

Ces métiers ont été tellement dévalorisés qu'il est devenu difficile de recruter. C'est pourquoi nous avons lancé en 2018 l'École du Jeans pour former des nouvelles personnes à la couture des jeans. Ce programme ambitieux et unique en France est l'aboutissement d'un travail d'équipe avec Pôle emploi et les acteurs de la formation professionnelle.

Une autre façon de revaloriser ces métiers est d'offrir des conditions de travail agréables aux collaborateurs. Pourquoi faudrait-il que les ateliers de confection soient gris, ternes et tristes ? Chez 1083, nous attachons autant d'importance à l'aménagement intérieur de nos ateliers qu'à l'aménagement de nos bureaux. Les murs sont peints de couleurs vives et même les machines à coudre souvent grises ou noires sont peintes en rouge. L'amélioration du cadre de travail passe aussi par la polyvalence des couturières. En développant l'autonomie, on souhaite permettre aux couturières de produire des jeans de A à Z. Elles pourront ainsi signer leurs fabrications, organiser leurs horaires de façon plus souple et prendre leurs congés indépendamment des autres couturières, en plus de réduire les risques de maladies professionnelles puisqu'elles effectueront moins de gestes répétitifs.

Nous essayons de payer tous nos salariés du mieux possible en fonction de nos moyens. Dans nos statuts est inscrit que le plus haut salaire ne peut pas dépasser cinq fois le niveau du SMIC. Dans les faits, cette différence n'est pas encore atteinte, l'écart maximum de salaire dans l'entreprise est aujourd'hui de un à deux. Plus l'entreprise grandit, plus elle doit permettre à ses équipes de bien vivre et profiter d'un partage équitable des richesses créées ensemble. Les salariés de 1083 sont engagés au-delà d'un projet d'entreprise, ensemble nous portons notre projet de société.

Le modèle économique de 1083

Il y a deux formes de développement d'entreprise : soit l'entreprise lève des fonds pour grandir rapidement et atteindre la taille qui permet la rentabilité économique, soit l'entreprise grandit au fur et à mesure de ses moyens. Le modèle économique de 1083 est rentable depuis nos débuts et nous avons choisi de grandir au fur et à mesure de nos moyens financiers et de notre capacité d'investissement. Au début de l'aventure 1083, nous n'étions que deux, mon frère Grégoire et moi. Le lancement de la première ligne de jeans, en 2013, a été possible grâce au succès de notre campagne de financement participatif. Ces premiers clients ont ainsi financé l'achat des matières premières et le démarrage de la fabrication, acceptant un délai de plusieurs mois entre leurs paiements et la livraison, et je les remercie encore. Encore maintenant, ce sont les commandes qui décident de nos capacités de production.

Tous les bénéfices sont réinjectés pour structurer l'entreprise et développer l'économie circulaire. Cela nous a notamment permis de racheter notre principal fournisseur de tissus, Valrupt Industries, quand il a connu de sérieuses difficultés en 2018. Rebaptisé Tissage de France, cette usine des Vosges fournit toujours 1083 bien sûr, mais pas seulement.

La rentabilité n'est pas un but, c'est seulement un moyen de remplir notre mission. Sur les sept derniers exercices, six présentaient un résultat financier positif. En 2019, nous étions légèrement en déficit parce que nous avons décidé d'étoffer notre équipe pour nous structurer et assurer notre développement. Un directeur financier et un responsable marketing ont ainsi pu nous rejoindre. Maintenant, nous sommes 70, nous possédons 5 magasins en France et nous pouvons nous investir dans des projets de plus grande envergure.

Quand nous nous sommes lancés dans le projet de racheter l'usine Charles Jourdan à Romans, il nous a fallu faire appel à des financements extérieurs, mais pas à n'importe quel prix. Les banques étaient prêtes à nous suivre pour 70 % du montant total si nous trouvions les 30 % qui restent auprès d'investisseurs. Nous avons accepté de faire entrer au capital quatre fonds d'investissements uniquement parce qu'ils partagent nos valeurs et qu'ils ont accepté notre volonté de partager équitablement les richesses créées. La plus-value potentielle de chacun est donc encadrée dès la signature du contrat. Ce grand projet va nous permettre de développer un pôle de marques éthiques dans l'ancienne usine Charles Jourdan à Romans-sur-Isère. Après travaux, ce lieu accueillera nos ateliers visitables, nos bureaux, un magasin 1083, ainsi qu'un restaurant et une galerie commerciale qui réunira les plus belles marques du *Made in France*, du bio et du commerce équitable.

Plus récemment, nous nous sommes tournés vers la plateforme de financement durable et à impact LITA pour financer un nouveau projet d'économie circulaire.

L'économie circulaire

Si la mode est une industrie qui peut être très polluante, cela commence par le choix des matières premières. Le coton ne poserait pas de problème s'il était cultivé sans pesticides et sans irrigation artificielle. La culture de lin est plus responsable en France, mais si on tentait d'en surproduire autant que le coton, il y aurait nécessairement des effets négatifs. Les fibres textiles agricoles doivent être diversifiées et nos champs prioritairement réservés à nous nourrir.

En revanche, **s'il y a bien une ressource quasiment inépuisable, ce sont nos déchets.** Notre société de consommation provoque une abondance de déchets. Les Français achètent environ 700 000 tonnes de textile par an, ce qui correspond à environ 10 kg par habitant et par an, dont un quart seulement est collecté par les filières de recyclage. La limite de ces filières est simple : si tous les vêtements sont mélangés ensemble, on obtient une sorte de bouillie qui a des fibres trop courtes donc de mauvaise qualité.

Comme à la maison, changeons de paradigme et trions nos déchets textiles. Nous consacrons toute notre recherche et développement à la fabrication de jeans neufs en coton issus de vieux jeans recyclés. C'est l'économie circulaire idéale : concevoir un produit qui devient en fin de vie de la matière première pour le même produit neuf, une boucle vertueuse. Ce projet, nommé MonCoton, doit fédérer d'autres acteurs du textile pour se développer et constituer un maillon d'une filière textile française robuste. Nous avons également lancé le jean Infini : le premier jean recyclé, consigné et recyclable à l'infini ! Grâce à la consigne, nous nous assurons de récupérer les jeans en fin de vie, pour le retransformer en jeans neufs. Tous les accessoires du jean, comme les boutons, sont fabriqués à partir de polyester recyclé de déchets marins ou de bouteilles en plastique.

Je suis persuadé que toutes les entreprises vont prendre le chemin de l'économie circulaire, que cela soit par conviction profonde ou par nécessité économique.

Une entreprise responsable

Une entreprise responsable est une entreprise bien gérée sur tous les plans. On réduit trop souvent la bonne gestion à la gestion financière. Elle est une condition nécessaire mais pas suffisante.

Une entreprise bien gérée est une entreprise qui a aussi une bonne gestion humaine pour faire grandir ses équipes avec son entreprise et une bonne gestion de l'environnement pour assurer la pérennité de ses ressources.

Une entreprise responsable et rentable s'inscrit donc sur le long terme. Trop souvent les trois dimensions de la bonne gestion ne sont pas inscrites sur le même terme. La partie financière bénéficie d'une attention à court terme parce qu'on considère le besoin de liquidités immédiates. On commence à prendre conscience depuis une dizaine d'années que si les humains ne sont pas considérés à leur juste valeur, ils ne sont pas heureux au travail et soit ils sont moins productifs, soit ils s'en vont. Quant à l'environnement, il n'est envisagé que sous un angle de long terme.

Les conséquences économiques, humaines et écologiques de notre société de consommation montrent que collectivement nous ne sommes pas raisonnables. Mais nous sommes des êtres intelligents alors évoluons, progressons, changeons, apprenons, c'est vertueux et passionnant !

C'est qui le patron ?! par Nicolas Chabanne

« Le succès de C'est qui le patron ?! est l'expression d'un profond changement des consommateurs. »

Fonction :	initiateur
Société :	C'est qui le patron ?! (La marque du consommateur)
Secteur :	produits alimentaires
Date de création :	2016
Effectif :	entre 10 et 50
Siège social :	Paris (75)

La mission de C'est qui le patron ?!

C'est qui le patron ?! ne s'est pas donné de mission. Nous voulions seulement agir pour proposer des produits alimentaires qui protègent les producteurs. Nous sommes partis d'un constat très simple : les producteurs français ne sont pas assez rémunérés pour vivre correctement de leurs productions. Pourtant, ce qui manque au prix de vente pour qu'ils vivent mieux est minime : 8 centimes par litre de lait ! Si on considère qu'un Français boit en moyenne 50 litres de lait par an, cela ne représente que 4 euros par an.

Nous faisons le pari que les Français sont prêts à payer cette petite différence s'ils savent que cela permet de faire vivre un producteur français et sa famille. Et ça fonctionne : quand un consommateur sait que payer 3,60 euros de plus par an pour du jus de pomme ou 1,20 euro de plus par an pour de l'huile de colza fait vivre des producteurs dans son pays, il accepte de payer ce surplus. **En fait, C'est qui le patron ?! propose du commerce équitable sur des produits alimentaires français.**

Une action collective

C'est qui le patron ?! est surtout une marque collective créée en toute transparence par les consommateurs eux-mêmes. Cette première évidence s'est imposée dès le début de l'aventure : tout est dans le collectif, tout doit être décidé ensemble.

Les consommateurs sont placés au cœur de la stratégie de création de valeur. Nous, consommateurs, décidons ensemble du cahier des charges de chaque produit alimentaire. Tout le monde peut voter sur le site Internet de la marque pour décider si ce produit aura un emballage en plastique ou un emballage en verre, si on choisit un produit bio ou un produit conventionnel, etc. Il n'y a pas de politique générale, seul compte le vote collectif.

Notre rôle est d'expliquer toutes les conséquences des choix. Par exemple, pour le choix entre un conditionnement en plastique ou en verre, une vidéo expose la problématique du verre qui est plus écologique uniquement s'il est bien recyclé et les aspects polluants de sa production. Ensuite, ce sont les consommateurs qui choisissent.

Nous décidons aussi collectivement du prix de chaque produit. Par exemple, quand on nous a expliqué que des fourrages locaux, et non importés de l'autre bout de la planète, représentent une hausse du prix final de 1 centime, nous avons décidé de choisir les fourrages locaux. **En plus de protéger nos éleveurs, cela protège aussi la planète, mais c'est surtout du bon sens.** Enfin, les produits sont proposés aux enseignes de la grande distribution avec un prix fixé à l'avance, imprimé sur l'emballage. Cela rend impossible toute négociation avec le distributeur, sa marge est décidée collectivement par les votes.

Les consommateurs deviennent ainsi des « consommacteurs » : ils ont un rôle actif dans la conception du produit, dans le choix de son prix, et dans sa distribution. Ceux qui le souhaitent peuvent aussi devenir sociétaires.

Une rentabilité sans modèle économique

C'est qui le patron ?! est l'exemple parfait du « no model ». Nous n'avons pas élaboré de modèle économique selon une stratégie particulière avec des experts en ceci ou en cela, ni aucun *business plan*. Tout est fait à l'instinct et dans l'immédiateté. **Je dis souvent que le bon sens est la plus solide étude de marché qui soit.** Nous avons créé une marque, d'abord avec du lait, puis des œufs, et maintenant nous proposons 33 références dans 20 familles de produits. Avec du bon sens et de la bienveillance, l'équilibre s'est trouvé tout seul. On crée des produits avec les consommateurs pour les producteurs, mais pas pour les chiffres. Ce qui explique peut-être que les résultats sont là...

Le cabinet Nielsen a mesuré que 16,1 millions de personnes ont acheté au moins un produit C'est qui le patron ?! Ils ont été tellement abasourdis par ce chiffre qu'ils nous ont offert leur première étude. En France, le lait C'est qui le patron ?! est devenu la première référence vendue après les marques distributeurs. Le beurre bio C'est qui le patron ?!, avec ses 15 centimes en plus, est devenu le beurre bio le plus vendu. Ce n'est même pas le résultat d'une stratégie, seulement un constat.

Ce qui est surtout remarquable, c'est que nous ne dépensons absolument rien en publicité et que nous n'employons pas de commerciaux. Les consommateurs qui ont décidé les produits eux-mêmes sont les meilleurs ambassadeurs de la marque. Jamais une entreprise de l'agro-alimentaire n'a connu une croissance aussi rapide. En 2020, 205 millions de produits ont déjà été vendus. C'est bien la preuve qu'il se passe quelque chose quand les valeurs sont en jeu. Nos valeurs et nos intentions ne sont indexées à aucun résultat financier. Cela est possible parce que nous n'avons pas d'actionnaires, seuls les sociétaires décident de la stratégie à adopter. On se sent chez nous, dans notre maison que nous avons construite tous ensemble. Personne ne nous dicte nos choix.

L'expression d'un mouvement

Le succès de C'est qui le patron ?! est l'expression d'un profond changement des consommateurs. Nous avons maintenant la preuve du pouvoir d'orientation des consommateurs : ils n'ont pas envie de soutenir un système avec un mauvais partage de la valeur. Les consommateurs ont besoin de savoir où va leur argent, à quoi il sert exactement, quelles sont les conséquences de leurs achats, etc. Quand tout cela est parfaitement expliqué, les consommateurs répondent présents. Et toutes les entreprises y sont confrontées. **Même si c'est par opportunisme pour les plus cyniques, elles doivent se connecter aux consommateurs pour mieux avancer.** Les consommateurs sont les meilleurs garde-fous pour rester sur le chemin proposé au début, tout comme les salariés.

Les salariés sont très vigilants, si nous ne respectons plus nos valeurs, ils s'en vont et clament partout sur les réseaux sociaux que l'entreprise est en train de se corrompre. Dès qu'une idée sort des rails de nos intentions, nous sommes recadrés. Ils protègent nos valeurs et leurs réactions sont instantanées. Un des plus beaux exemples est le jour où je suis venu au bureau avec une proposition par un grand réalisateur de monter un film sur notre aventure. Le premier cercle des collaborateurs s'est tout de suite tendu et la réaction ne s'est pas fait attendre : un refus catégorique parce que ce n'était pas en accord avec qui nous sommes.

Camif
par Emery Jacquillat

« Le seul modèle viable est le modèle d'impact positif basé sur la consommation responsable et la production durable. »

Fonction :	président
Société :	Camif - Matelsom
Secteur :	e-commerce
Dates de création :	1995 (Matelsom), 2009 (Camif-Matelsom)
Effectif :	entre 50 et 150
Siège social :	Niort (79)

La reprise de Camif par Matelsom avec un nouveau modèle

J'ai créé la société Matelsom quand j'avais 23 ans pour vendre de la literie sur Internet et elle s'est développée avec la croissance de la vente en ligne. Quand en 2008, j'ai vu la faillite de la Camif, cela me semblait inconcevable qu'une entreprise de cette qualité puisse disparaître. J'étais convaincu qu'il y avait une place pour un distributeur alternatif dans la grande distribution. Pour cela, il fallait réinventer tout le modèle.

J'ai ressenti très tôt que le seul modèle viable est le modèle d'impact positif basé sur la consommation responsable et la production durable.

Pour reprendre une entreprise qui fait faillite, la principale préoccupation est de retrouver la confiance de toutes les parties prenantes. Il fallait que je démontre que ce nouveau modèle est bénéfique pour chacune d'elles.

- Les clients attendaient des produits de qualité. À sa création en 1947, Camif est la Coopérative des adhérents à la mutuelle des instituteurs de France. Les clients traditionnels de la Camif sont des enseignants très attachés à la langue française (ils ne loupent aucune coquille sur notre catalogue !) et sensibles à la production française.

- Le territoire a été attentif aux emplois recréés par le projet Camif, comprenant l'ouverture d'un centre de relations clients à Niort avec qui nous travaillons encore, notre partenaire Téléperformance. Cela nous a permis d'avoir l'oreille attentive de tous les acteurs locaux qui nous ont alors beaucoup aidés. C'est grâce à eux que, dans un contexte de crise financière, nous avons réussi à convaincre les banquiers puisque les collectivités locales garantissaient 95 % des emprunts bancaires (aujourd'hui entièrement remboursés). C'est seulement parce que nous proposions un modèle d'impact que nous avons pu obtenir des financements. **Il y a donc un lien direct entre l'impact social apporté par le projet et la possibilité économique du projet.**

- Les 200 fournisseurs avaient perdu de l'argent et leurs contrats avec la chute de la Camif. Notre façon de les réengager a été de proposer un modèle alternatif, démontrant qu'une fabrication française peut être rentable. Nous valorisons leurs

47

savoir-faire avec des produits de qualité fabriqués localement. C'était l'inverse des pratiques de la grande distribution qui cherchaient toujours plus loin, toujours moins cher. Les fabricants ont fait le pari de la réussite et ils ont repris leur production.

Nous avons relancé Camif uniquement sur Internet, sans les catalogues papier qui coûtaient bien trop cher. Notre proposition de valeur a rendu le projet viable en capitalisant sur notre différence : le seul acteur qui donne le pouvoir aux consommateurs de rechercher les produits en fonction de critères environnementaux et sociaux. Le visiteur peut sélectionner un sommier selon le département de fabrication, choisir uniquement ceux qui ont un label de développement durable ou encore ceux qui sont produits par des personnes en situation de handicap.

Aujourd'hui, 73 % du chiffre d'affaires reposent sur des produits fabriqués en France, ce qui limite fortement les émissions de gaz à effet de serre. En tout, 96 % des produits vendus sont fabriqués en Europe. Les 4 % restants correspondent à des produits que l'Europe ne fabrique plus, comme les réfrigérateurs.

Ma fierté est de renouveler notre clientèle avec des jeunes actifs. Désormais, 80 % de nos clients sont des nouveaux clients. Les jeunes de 25 à 34 ans consomment moins mais mieux. Ils achètent bien plus de produits d'occasion et se libèrent ainsi du pouvoir d'achat pour des acquisitions de produits de qualité avec une attention à leurs modes de fabrication et aux conséquences sur l'économie locale. Pourtant la concurrence du e-commerce est féroce. Pour arriver à ces résultats, nous avons beaucoup travaillé sur l'offre de produits et sur notre raison d'être.

La mission Camif et les externalités

La raison d'être de Camif est de « proposer des produits et des services pour la maison, conçus au bénéfice de l'Homme et de la planète ; et mobiliser notre écosystème, collaborer et agir pour inventer de nouveaux modèles de consommation, de production et d'organisation ». Elle est assortie de cinq engagements pour former sa mission.

1. Informer et sensibiliser les consommateurs pour une consommation responsable

Cela passe par notre moteur de recherche qui permet de sélectionner des produits selon des critères sociaux, environnementaux et locaux ; par la mise en avant des femmes et des hommes qui fabriquent ces produits ; et par des actions coup de poing comme la fermeture du site de vente pour le *Black Friday* depuis 2017 pour mettre en lumière des alternatives à notre modèle de surconsommation. Cette dernière action a une valeur, pas une valeur économique mais une valeur en termes d'engagement dans la consommation responsable.

Camif est devenue la marque la plus connue des consommateurs sur le sujet de la consommation responsable. Depuis 2017, de nombreuses entreprises nous ont emboîté le pas pour boycotter le *Black Friday*. En 2019, ce sont plusieurs centaines d'entreprises qui ont refusé d'y participer. Mais il reste encore du chemin car le nombre de transactions par carte bancaire a encore augmenté de 12,5 % par rapport au *Black Friday* de 2018, selon le groupement des cartes bancaires. La fermeture de notre site pendant le *Black Friday* marque un tournant : nous incarnons notre mission de façon concrète !

2. Faire de l'économie circulaire notre standard

Nous avons revisité notre offre pour réduire notre consommation, refuser la surconsommation, réutiliser, réparer, recycler au maximum et relocaliser nos achats. C'est ce qu'on appelle les 6R de l'économie circulaire. Ces réflexions ont abouti à la création de notre propre marque, Camif Édition, qui propose des produits plus vertueux, plus responsables, plus inclusifs et plus locaux. Favoriser l'économie circulaire, c'est aussi revaloriser les métiers manuels et leurs savoir-faire locaux pour qu'ils redeviennent des métiers attractifs. Pendant la crise sanitaire, nous avons distribué 50 euros de bons d'achat Camif à tous les salariés et ouvriers de nos fabricants, reconnaissant ainsi l'importance des chevilles ouvrières de notre nation.

3. Dynamiser l'emploi sur nos territoires et favoriser l'insertion

Notre performance sociale se mesure avec l'effet multiplicateur : **quand Camif crée 1 emploi, 14 emplois sont créés en France.** Ce résultat, mesuré par l'outil *Local Footprint* du cabinet Utopies, est possible grâce à notre promotion de la fabrication française. En plus, 25 % de ces emplois sont créés en Nouvelle Aquitaine alors que la région ne concentre que 9 % des emplois en France. À titre de comparaison, quand Amazon crée 1 emploi en France, 2,2 autres emplois sont détruits dans le commerce de proximité selon les estimations présentées par Mounir Mahjoubi quand il était secrétaire d'État chargé du numérique.

4. Proposer les meilleurs produits possibles pour la santé

Quelques exemples : nous choisissons du bois issu de forêts durablement gérées, le bois massif et les panneaux à très faibles émissions sont toujours favorisés et nous sommes en train de trouver des alternatives au coton conventionnel avec du coton bio, du coton recyclé ou du lin. Mais le coton est partout dans nos produits, nous devons donc renoncer à des produits plus accessibles mais mauvais pour notre santé et pour notre planète. **Les renoncements d'aujourd'hui sont les profits de demain.**

5. Transformer l'entreprise et la filière

La co-création est à toutes les étapes. Les consommateurs, les designers, les fabricants, les experts, etc. se réunissent pour des séances d'intelligence collective afin d'imaginer les objets de demain et de réinventer l'économie circulaire. Par exemple, à partir de vieux matelas recyclés, une startup de l'économie circulaire est associée au plus grand fabricant de literie en France et à une entreprise d'insertion pour le sommier. Notre ambition est d'accélérer la transition de la filière vers un modèle soutenable. C'est aussi mon rôle en tant que président de la communauté des entreprises à mission. **Tout entrepreneur doit agir dans sa propre entreprise et au-delà pour un modèle soutenable qui réconcilie le profit, l'impact social et environnemental.**

Le modèle rentable de Camif

La rentabilité n'est pas une finalité en soi. La rentabilité permet d'avoir les moyens de continuer d'investir et les moyens de mener notre mission. **Mais la rentabilité ne doit pas s'obtenir à tout prix.** Si nous avions installé notre centre d'appels au Maroc comme cela se fait beaucoup, évidemment que la rentabilité aurait été au rendez-vous plus tôt, mais cela va à l'encontre de notre projet de consommation responsable et de production locale. Pourtant, c'est exactement ce que nous avait demandé un financier pour investir dans le projet.

Il est urgent de changer de lunettes ! Enlevons nos lunettes qui nous montrent uniquement le bénéfice à 3 mois pour une paire de lunettes à verres progressifs pour voir de près comme de loin, à long terme. Et prenons des lunettes 3 dimensions pour regarder le profit avec l'impact social et l'impact environnemental.

C'est très important pour nous de montrer que le projet est rentable parce que les financiers nous attendaient au tournant. On voulait démontrer qu'on peut avoir une performance financière avec une production locale et un engagement responsable. Mais notre vraie rentabilité, c'est notre impact social et environnemental. La performance extra-financière doit absolument être prise en compte par la Banque de France dans ses notations dont dépendent les crédits et les assureurs-crédit. L'intégration de la valeur extra-financière de l'entreprise peut accélérer la transition des entreprises.

Les collaborateurs, eux, ont déjà pris le train. Si on arrive aujourd'hui à attirer des salariés très talentueux jusqu'à Niort, c'est parce que le projet leur plaît. Une entreprise qui n'est pas responsable est obligée de payer très cher ses talents.

Une entreprise appartient à ses parties prenantes, aux fournisseurs, aux clients, aux territoires, etc. **Donc une entreprise doit être profitable pour toutes ses parties prenantes.** Toutes nos parties prenantes sont dans notre nom : Clients, Actionnaires, Monde qui nous entoure, Intérieur (collaborateurs), Fournisseurs. Si on enlève une partie prenante, cela ne forme plus Camif ! On a besoin de toutes nos parties prenantes. Et si un jour, on ne crée plus de valeur pour ces parties prenantes, elles se désengagent. **L'entreprise qui est la plus résiliente est l'entreprise qui crée de la valeur pour toutes ses parties prenantes et qui crée un lien très fort avec chacune d'entre elles.**

Notre modèle est rentable grâce au passage à l'acte des consommateurs . Ils ont pris conscience que les anciens modèles sont liés au dérèglement climatique et à la désertification ouvrière de nos régions. La crise sanitaire que nous avons traversée a accéléré cette prise de conscience et même si seulement un tiers de ces consommateurs conservent leurs nouvelles habitudes de consommation, cela sera suffisant pour transformer les entreprises. C'est ce qu'explique Malcolm Gladwell dans son ouvrage *Le point de bascule* : il suffit que 10 % des acteurs d'une communauté modifient leurs comportements pour entraîner les autres, que cela soit une communauté de fourmis, une communauté d'entrepreneurs, une communauté de consommateurs...

CASTALIE
par Thibault Lamarque

« Si on veut avoir de l'impact, il faut atteindre une taille critique pour peser sur le marché. »

Fonction :	fondateur et président
Société :	CASTALIE
Secteur :	eau
Date de création :	2011
Effectif :	entre 50 et 100
Siège social :	Issy-les-Moulineaux (92)

La mission de CASTALIE

La mission de CASTALIE, qui est de mettre fin à la folie des bouteilles en plastique, part d'une idée simple : proposer des alternatives durables et zéro déchet à l'eau en bouteille avec des fontaines reliées au réseau d'eau potable qui la microfiltrent, et des contenants réutilisables.

Le fléau auquel nous nous attaquons est celui du plastique : **chaque année, en France, 16 milliards de bouteilles en plastique et 9 milliards de litres d'eau en bouteille sont consommés.** Une bouteille sur deux est recyclée mais dans les grandes villes françaises, ce chiffre tombe à seulement 10 %, avec les conséquences qu'on connaît et un continent de plastique dans l'océan équivalent à 6 fois la superficie de la France. Tous ces plastiques se dégradent en micro voire nano-plastiques et se retrouvent dans la chaîne alimentaire. **On ingère en moyenne l'équivalent d'une carte bleue de plastique par semaine !** Les émissions de CO_2 liées à leur transport sont une conséquence moins connue de notre surconsommation de plastique, en particulier des bouteilles : entre la source et le lieu de consommation, on estime qu'une bouteille d'eau parcourt en moyenne 800 km en camion.

Cette surconsommation de plastique est d'autant plus aberrante que nous avons la chance de vivre dans un pays où l'eau du robinet est de très bonne qualité. C'est même l'aliment le plus contrôlé ! Alors que 8 Français sur 10 lui font confiance, la moitié de la population française continue à boire de l'eau en bouteille tous les jours, notamment à cause du goût de chlore désagréable de l'eau du robinet.

Notre métier est de valoriser l'eau du robinet : nos fontaines enlèvent le chlore, les résidus et les particules, et produisent une eau microfiltrée, plate ou gazeuse, fraîche, à température ambiante ou chaude pour le thé. Nous proposons également des contenants en verre lavables, réutilisables à l'infini et personnalisables aux couleurs du client. Et nous sommes en train de développer des gourdes en verre ou en inox *Made in France*. Pour le moment, aucune gourde en inox n'est fabriquée en France, pas même en Europe. Notre ambition est de relocaliser cette production.

Le modèle économique de CASTALIE

Le modèle économique de CASTALIE repose sur un système d'abonnement et de location. Nous avons déjà installé plus de 2 000 équipements en entreprises, restaurants, hôtels et lors d'événements comme le G7 organisé à Biarritz en 2019. Aujourd'hui, notre mission et notre développement nous obligent à accélérer pour rentrer encore plus vite dans le quotidien des Français. **Si on veut avoir de l'impact, il faut atteindre une taille critique pour peser sur le marché !**

Les entreprises souhaitent de plus en plus sortir de l'usage du plastique dans la consommation d'eau. D'autre part, les restaurants et hôtels, nos premiers clients, sont de plus en plus nombreux à substituer une eau locale filtrée, plate ou gazéifiée pour répondre à cette attente sociétale.

En plein confinement, nous avons clôturé une levée de fonds, ce qui prouve la solidité du modèle CASTALIE. Ce tour de table va nous permettre d'accélérer sur trois grands chantiers :

- le développement envers les entreprises pour répondre à une demande de plus en plus importante du marché ;

- l'innovation, à travers un modèle de fontaines intelligentes qui offriront aux clients une mesure d'impact (empreinte carbone de leur consommation et nombre de bouteilles en plastique évitées) ;

- l'entrée sur le marché des particuliers avec la création d'une filière de production de gourdes éco-conçues fabriquées en France, et le développement d'arômes naturels et bios, afin de rentrer sur le marché significatif des eaux aromatisées en bouteille.

L'éco-conception de la fontaine et ses externalités positives

Le développement de la fontaine CASTALIE a pris du temps. J'ai travaillé avec DAV Équipement, une société spécialisée dans le tirage pression. Ensemble et avec l'appui du CETIM (Centre technique des industries mécaniques), nous avons développé une fontaine éco-conçue. C'était ma volonté dès le lancement, alors qu'au début des années 2010, personne ne s'intéressait à l'éco-conception.

Concrètement, nos équipements sont réparables : chaque pièce peut se démonter facilement et être remplacée. Chaque fontaine désinstallée est reconditionnée pour être de nouveau proposée à nos clients, ce qui garantit une durée de vie optimale des fontaines.

Ensuite, les matériaux utilisés (verre et inox) sont nobles et facilement recyclables. Le gaz réfrigérant intégré à nos fontaines a un coefficient de gaz à effet de serre 400 fois moins élevé que le gaz des réfrigérateurs installés dans les cuisines de tout un chacun. De plus, le design de nos fontaines est intemporel pour être toujours à la mode. La preuve : la PURE, première fontaine de CASTALIE sortie en 2012, ne s'est jamais aussi bien vendue qu'en 2020 !

Enfin, toutes nos fontaines sont produites dans des usines en France et en Italie. Les retombées économiques de ces emplois sont donc locales et la pollution liée au transport des équipements est limitée.

Les indicateurs d'impact : impact plastique et impact carbone

Nous mesurons notre impact plastique et notre impact carbone. Nous avons permis aux 2 000 clients que nous accompagnons en France, en Belgique, en Suisse et au Luxembourg d'éviter 24 millions de bouteilles en plastique en 2019. L'objectif est d'atteindre 100 millions d'ici 2021.

Au-delà de l'impact plastique de CASTALIE, l'impact carbone d'un litre d'eau CASTALIE est 90 % inférieur à un litre d'eau en bouteille. C'est ce qu'a révélé l'analyse du cycle de vie (ACV) de nos fontaines conduite par un cabinet d'audit RSE indépendant.

Ethiquable
par Rémi Roux

« Le commerce équitable remet l'être humain et son travail au centre des valeurs. »

Fonction :	co-fondateur et gérant
Société :	Ethiquable
Secteur :	commerce équitable
Date de création :	2003
Effectif :	entre 100 et 200
Siège social :	Paris (75)

La mission d'Ethiquable

Ethiquable est une société coopérative et participative (SCOP) que j'ai créée avec Stéphane Comar, économiste du développement et Christophe Eberhart, agronome spécialiste du café équitable.

La mission d'Ethiquable est le développement du commerce équitable. Toute notre activité est dédiée au commerce équitable et au soutien à l'agriculture paysanne bio. Nous achetons à un prix juste des produits alimentaires à des groupements de producteurs, des coopératives, qui assurent que les producteurs reçoivent une rémunération juste. Nous importons ces produits et les distribuons en France, en Allemagne, en Belgique et en Espagne dans la grande distribution ou en direct. Nous soutenons aussi financièrement les installations des coopératives et des petits producteurs. Par exemple, en 2018, nous avons investi dans une sucrerie au Pérou. Ethiquable est une marque transversale de produits alimentaires. Nous avons commencé avec quinze produits : cinq jus de fruits, cinq thés, un café, du sucre complet et du riz. Maintenant, notre catalogue comprend plus de 200 produits. En 2019, nous avons vendu 25 millions de produits.

Nous développons aussi le commerce équitable en France avec notre gamme « Paysans d'ici » depuis 2011. En moyenne, sur les 31 produits proposés, la moitié du prix payé par le consommateur revient au groupement de producteurs français. Il a fallu attendre 2014 pour que la loi relative à l'ESS étende l'utilisation des termes « commerce équitable » à la France. Nous avons alors participé à l'élaboration de la charte nationale du commerce équitable local.

Notre dernier projet est la création d'une chocolaterie à Fleurance, dans le Gers. La production sera alors relocalisée en France dans un village de 6 800 habitants. Ce sera la seule chocolaterie entièrement dédiée au commerce équitable et au bio dans le monde. Pour la petite histoire, la rue du village qui mène à l'usine a été rebaptisée « Allée du commerce équitable ».

Les externalités du commerce équitable

La première externalité positive de notre activité est l'amélioration des conditions de vie de 48 000 familles de producteurs dans le monde. À la fin de mes études, je suis allé au Mali, rendre visite à Stéphane et Christophe, qui travaillaient dans une ONG de développement. En sortant de l'aéroport, j'avais remarqué un énorme tas de machines rouillées. Une ONG avait offert des bulldozers sans transmettre le savoir qui va avec. Cela partait d'un très bon sentiment, mais ce n'était pas efficace. J'ai compris rapidement la différence entre l'humanitaire et le développement. L'humanitaire, c'est l'aide d'urgence. Le développement, c'est apprendre aux populations à faire elles-mêmes.

Le commerce équitable remet l'être humain et son travail au centre des valeurs. Tous nos produits sont sélectionnés sur le terrain avec une attention particulière aux modes de culture. Pour nous, le commerce équitable est obligatoirement lié à l'agriculture paysanne, biologique, sans produits chimiques.

L'agriculture intensive ne nourrit que 28 % de la planète. Je ne sais pas pourquoi on parle d'agriculture « normale » pour désigner ce mode de culture. Il n'y a rien de normal dans une agriculture intensive. L'agriculture a plus de 10 000 ans d'histoire. L'accident a eu lieu dans les années 40 avec le développement de l'agriculture intensive pour nourrir les gens très vite au sortir de la Seconde Guerre mondiale. Maintenant, l'agriculture représente un tiers du réchauffement climatique. Pourtant, nous apportons quotidiennement la preuve que les récoltes sont bien meilleures quand on prend soin du biosystème. Un exemple : la production de café des coopératives bio au Honduras est cette année 15 % au-dessus de la moyenne nationale de production de café.

Je me souviendrai toujours de ma visite de plantation de cacao au Pérou. On marchait dans une forêt dense et à un moment, j'ai demandé à l'exploitant : « Elle est encore loin votre exploitation ? » Et il m'a répondu : « Mais vous êtes dedans ! » Avec mes préjugés, je m'attendais à une plantation avec des arbres bien alignés en plein soleil. J'ai alors découvert l'agroforesterie. C'est l'équivalent de la permaculture pour une forêt.

Certes, nos produits viennent de l'autre bout du monde. Mais le café ne pousse toujours pas en Bretagne ! Notre transport se fait en cargo porte-conteneurs. Ce mode de transport ne représente que 10 % de nos émissions de gaz à effet de serre pour 10 000 km en moyenne. Le plus gros de nos émissions vient du transport en France parce qu'il est réalisé en camion pour 500 km en moyenne. Nous avons essayé le ferroutage qui pourrait améliorer ce chiffre, mais les obstacles ne pourront être levés qu'avec une décision politique forte de le développer.

Même en venant de loin, notre sucre complet bio pollue moins que le sucre blanc fabriqué en France. Un sucre français provient de l'agriculture intensive de la betterave qui utilise des produits chimiques. Il est ensuite chauffé à très haute température pour enlever les impuretés et devenir tout blanc. Notre sucre complet provient d'une canne à sucre coupée à la main, broyée et mélangée à de l'eau. Ce jus de canne est ensuite chauffé pour récupérer le sucre après évaporation. Il est plein d'oligo-éléments alors que le sucre blanc n'a aucun intérêt nutritionnel. **L'agriculture paysanne permet de maintenir l'écologie.** Les agriculteurs sont prêts à passer au bio, mais ils ont besoin qu'on les accompagne dans leur transition.

Le modèle économique rentable

Notre activité a grandi avec la prise de conscience des consommateurs. La grande distribution a compris que les consommateurs demandaient des produits bio. Dès 2004, Michel-Édouard Leclerc a décidé de mettre en valeur le commerce équitable. Il a référencé Alter Eco et cherchait d'autres noms de commerce équitable. C'est comme ça que Ethiquable a pu changer d'échelle. Les autres grandes enseignes ont suivi parce qu'elles ne voulaient pas passer à côté de la demande des consommateurs. **Quand une majorité des consommateurs demandera du bio, l'agriculture biologique deviendra enfin la norme.**

Malheureusement, ce sont souvent les catastrophes et les scandales qui accélèrent le mouvement. Le scandale de la viande de cheval, par exemple, a changé beaucoup de choses dans le bio. On note alors un pic de la demande de produits bio, puis cela se tasse mais sans jamais revenir à un niveau inférieur au niveau avant le scandale.

Depuis 2014, la SCOP est bénéficiaire. Une partie des bénéfices est utilisée pour soutenir les installations industrielles des coopératives et des producteurs. Le reste est mis pour moitié en réserve et pour l'autre moitié redistribué aux salariés sous forme de participations bloquées pendant 5 ans.

La SCOP

À la création de la société, la découverte de la SCOP a été le déclic. Cette forme juridique correspond exactement à ce qu'on cherchait. Le principe est simple : le salarié est propriétaire de son entreprise, donc décisionnaire. Tous les salariés deviennent sociétaires au bout de deux ans. Ils cotisent 3 % de leur salaire au capital de la SCOP. S'ils quittent la société, ils repartent avec cette cotisation.

Le principal avantage d'une SCOP, c'est qu'elle ne peut pas être vendue. Tous nos concurrents ont été achetés par un grand groupe, nous sommes restés indépendants. Le capital ne peut pas appartenir à quelqu'un extérieur à l'entreprise. Nos investisseurs détiennent des titres participatifs, c'est comme des obligations non convertibles bloquées pendant 7 ans.

La gouvernance d'une SCOP est limpide : un sociétaire = une voix. La direction est élue tous les trois ans. Les salaires comme la répartition du résultat sont votés tous les ans en assemblée générale par l'ensemble des salariés. Le salaire le plus élevé ne dépasse pas 4 fois le salaire le plus faible, alors que les standards de l'ESUS peuvent aller jusqu'à 7 fois le salaire le plus bas.

Un jour, un journaliste m'a demandé : « Maintenant que votre société est un succès, vous allez transformer votre SCOP en société normale ? » Mais c'est la SCOP la normalité ! En quoi est-ce normal qu'une entreprise appartienne à des financiers ? Pour nous, une entreprise normale, c'est justement une entreprise qui appartient à ses salariés.

Une SCOP dissocie la réussite de l'entreprise et la réussite financière. Dans notre vision, réussir sa vie n'est pas amasser du profit. L'argent n'est qu'un outil d'échange. Les financiers ne devraient pas diriger notre planète. De mon point de vue, un boulanger est beaucoup plus important qu'un financier. Ne penser qu'au profit, c'est penser à court terme. Si pour augmenter le profit, on délocalise une entreprise et on sacrifie 200 emplois, c'est un non-sens absolu. Quand on réfléchit à la planète, on réfléchit à 50 ans.

Famileo
par Armel de Lesquen

« L'écologie humaine »

Fonction :	co-fondateur et directeur général
Société :	Famileo (Entourages Solutions)
Secteur :	aide à la personne
Date de création :	2014
Effectif :	entre 10 et 50
Siège social :	Saint-Malo (35)

La mission de Famileo

Notre mission est de redynamiser le lien entre les générations et plus généralement entre les personnes. Famileo est une application mobile qui prend la forme d'une messagerie sur laquelle les membres d'une famille écrivent des messages et téléchargent des photos pour un parent isolé. Tous les messages sont ensuite transformés en gazette papier envoyée par la Poste à ce parent. Si le parent isolé est en EHPAD, c'est l'établissement qui imprime la gazette et qui la distribue à son résident. Dans l'application, entièrement sécurisée, nous proposons un système de cagnotte qui permet de répartir les frais entre tous les participants. Famileo est un outil de lien social.

Quand Tanguy de Gélis, le co-fondateur, m'a proposé cette idée, il s'agissait de créer un produit pour redynamiser le lien entre les enfants et les grands-parents, d'où notre nom Famileo. Depuis, les utilisations se sont élargies au-delà de la famille. Tout le monde peut intégrer la messagerie, un voisin comme un ami. De même, la gazette peut s'adresser à un cousin en institut spécialisé parce qu'il est en situation de handicap, d'autisme ou autre. Famileo s'adresse aussi aux personnes en détention. Quelle qu'en soit la raison, une personne qui est isolée du reste de sa famille ou de ses amis peut recevoir un journal papier personnalisé.

Le modèle économique rentable de Famileo

Notre rentabilité repose sur les économies d'échelle, elle est assise sur le volume. Notre modèle économique est celui de l'abonnement hebdomadaire, bimensuel ou mensuel sans durée d'engagement. Avec plus de 110 000 familles accompagnées à fin juin 2020 et plus de 1 500 établissements partenaires, nous obtenons le niveau nécessaire pour dégager une rentabilité.

Être rentable nous donne les moyens de faire ce qui nous a toujours animés. Notre réussite se base surtout sur un long travail de terrain. Pour lancer le projet, nous avons rencontré de nombreuses personnes, y compris des résidents d'EHPAD et des médecins. Cette très bonne connaissance du terrain nous a permis de bien connaître le marché, de valider l'utilité du produit et de le proposer à des personnes qui étaient convaincues. **Il faut toujours chercher à être utile à quelqu'un.**

Les externalités positives de Famileo

Le lien familial est un pilier du bien-être des personnes isolées. Quoi de plus agréable pour une grand-mère que d'avoir des nouvelles de ses petits-enfants ? Dans les établissements de santé, les psys utilisent cette gazette pour faire travailler la mémoire et les capacités cognitives des résidents.

Sur le plan environnemental, certains pensent que le papier est plus polluant que le numérique. Mais cela dépend du mode de production du papier. Nous utilisons un papier certifié *Forest Stewardship Council* (FSC) qui assure que la production de ce papier respecte une gestion durable des forêts. Et le papier se recycle à vie !

Sur le plan social, notre imprimeur est Handirect, une société dont certains salariés sont en situation de handicap. Nous ne travaillons pas avec eux par charité, mais parce que nous sommes très contents de leur travail et qu'ils sont parfaitement compétitifs. Bien sûr, participer à l'insertion sociale de ces personnes est parfaitement aligné avec nos valeurs.

Notre argumentaire de vente n'aborde pas du tout ces aspects environnementaux et sociaux parce que nous ne voulons pas faire de *greenwashing* ou de *socialwashing*. L'argument de vente, c'est le produit, sa qualité et son prix.

Dans notre entreprise, avant même d'être rentables, nous avons mis en place un plan d'intéressement pour les salariés. De même, mon salaire et celui de mon associé co-fondateur sont plafonnés. Nos collaborateurs sont payés correctement mais nous veillons à ce que la rémunération ne soit pas le seul moteur. Nous travaillons par exemple sur la possibilité de leur donner du temps libre sur leur temps de travail pour qu'ils puissent s'impliquer dans des associations de leurs choix.

L'écologie humaine

L'écologie humaine consiste à trouver des moyens pour changer la vie des personnes. Vieillir en se sentant entouré est une forme d'écologie humaine. Un journal personnalisé est une marque d'attention qui redonne goût à la vie en s'adaptant aux contraintes de tous. Famileo envoie de la vie et des preuves d'amour sous forme papier. Tout le monde adore recevoir des cartes postales mais qui en envoie encore ? Avec un journal familial et amical personnalisé, la personne isolée peut accrocher sur son mur les photos des gens qu'elle aime et les photos des lieux qu'ils ont visités.

Le papier conserve une saveur que le numérique n'aura jamais. Quand une personne écrit un message sur l'application, elle ne le fait pas pour se valoriser elle-même comme sur les réseaux sociaux mais pour le bénéfice d'une autre personne. Dans la même idée, nous avons refusé de mettre des « likes » sur l'application. Nous ne voulons pas une solution éphémère mais un support papier qui est conservé par les personnes qui le reçoivent.

En outre, nos aînés ne sont pas tous à l'aise avec les outils numériques... même les futurs seniors. Il arrive un âge où c'est toujours plus agréable de lire un papier que de lire sur un écran. Rien n'empêche la personne concernée de répondre à tous ces messages par des moyens de communication numériques. Dans la réalité, ce sont surtout les visites physiques qui sont favorisées par notre solution. Plus de 20 % des petits-enfants qui n'allaient pas régulièrement rendre visite à leurs grands-parents se sont mis à les revoir grâce à ce système de gazettes.

Les familles sont très souvent dispersées dans le pays, voire dans le monde. Une personne à l'autre bout du monde peut ainsi continuer de communiquer facilement avec un grand-père en France... et avec le reste de sa famille. En effet, nous avons vu se créer des effets de groupe au sein des familles. Les messages peuvent être publiés sur l'application en mode privé et personne d'autre ne les voit ou en mode public qui sont ainsi accessibles à l'ensemble du groupe. Famileo a recréé du lien entre les membres d'une famille, les échanges entre frères et sœurs s'en retrouvent stimulés par exemple, ou entre oncle et nièce, ou tout simplement entre amis.

Hamac
par Florence Hallouin

*« Si on s'écoute,
on performe mieux tous ensemble. »*

Fonction :	fondatrice
Société :	Hamac (anciennement Génération Plume)
Secteur :	couches lavables
Date de création :	2009
Effectif :	entre 10 et 50
Siège social :	Paris (75)

La mission de Hamac

D'abord sous le nom de Génération Plume puis de Hamac, notre mission est de réduire les déchets avec des couches lavables. Entre sa naissance et ses deux ans et demi, un bébé est changé 5 000 fois, ce qui représente une tonne de déchets. Des matériaux sont extraits, beaucoup d'eau, des transports, de l'énergie, etc. sont utilisés pour quelque chose qui est jeté au bout de cinq heures ! Mon métier de designer industriel m'a appris à concevoir des produits, donc à m'intéresser aux matériaux. Je ne supporte pas de voir de la matière « cramée » dans un processus de création irréversible.

Pour réduire efficacement les déchets, il fallait un produit grand public avec un processus industriel qui démocratise l'usage. J'ai eu l'intuition qu'on pouvait améliorer les couches pour réduire les déchets. À mon niveau, j'ai réinventé ce produit pour obtenir une couche lavable, beaucoup plus pratique et beaucoup plus fonctionnelle.

Les couches lavables Hamac sont les produits les plus innovants et les plus aboutis du marché. Nos matériaux sont labellisés Oeko-Tex®, la norme la plus exigeante pour les matières textiles. Même la nacelle imperméable en polyuréthane ne présente aucune toxicité, il n'y a aucun rejet, ni aucune migration. Les absorbants sont en coton bio ou en microfibres avec un voile polaire lavable ou un voile en cellulose jetable. En moyenne, il ne faut qu'une vingtaine de couches lavables en trois tailles différentes pour un bébé. Seul le voile en cellulose est jeté, tout le reste est lavé. Mi-2020, nos couches sont déjà utilisées dans une centaine de crèches en France.

Depuis quelques années, la gamme s'est élargie avec des maillots de bain-couches pour baigner les bébés et des T-shirts anti-UV, toujours dans l'idée de protéger la peau des enfants. Nous proposons aussi la réparation des couches, notamment les nacelles qui peuvent s'abîmer à cause des détergents pendant les lavages.

Les externalités de Hamac

La première réduction d'externalités négatives des couches Hamac est bien sûr la réduction des déchets. Avec des couches lavables, les déchets ne sont plus que de 50 kg par enfant, soit 95 % de moins qu'avec des couches jetables. Plus généralement, Hamac favorise la biodiversité et la santé des bébés en supprimant l'ensemble des produits toxiques contenus dans les couches jetables.

L'analyse du cycle de vie (ACV) de nos produits a mis en avant que les couches Hamac utilisent deux fois moins d'eau que les couches jetables, même en comptant leurs lavages, parce que la production de couches jetables est très consommatrice d'eau. Cette production, pour un enfant, représente 26 000 litres d'eau quand une famille n'utilise que 11 000 litres d'eau pour laver toutes les couches de son bébé. Cette ACV a aussi permis de calculer que nos émissions de gaz à effet de serre sont inférieures de 93 % par rapport à la production de couches jetables.

Cette solution écologique est aussi une aubaine financière pour les familles. Même en prenant en compte le coût de l'eau et de l'électricité pour laver les couches, les couches Hamac divisent le budget couches d'une famille par deux pour le premier enfant. Dès le deuxième enfant, seuls les voiles jetables sont à ajouter, ce qui représente moins de 15 euros par mois.

Nos couches sont produites dans cinq usines françaises, qui travaillent aussi avec les industries du luxe, pour que les retombées économiques soient les plus locales possibles.

Nos 12 salariés sont pleinement engagés dans notre mission avec beaucoup de bienveillance. Nous veillons au respect du rythme de chacun comme à l'équilibre entre la vie professionnelle et la vie privée. Chacun sait ce qu'il a à faire grâce à notre management délégatif. Nous fonctionnons beaucoup en binômes de confiance. Je déplore qu'il n'y ait qu'un seul homme dans notre équipe mais aucun homme ne postule à nos postes !

L'important pour nous est la cohérence entre notre activité, c'est-à-dire ce qu'on fait, et notre quotidien, c'est-à-dire ce qu'on vit. Si on a pour mission de réduire les déchets, nous devons évidemment réduire nos propres déchets au quotidien. Cela passe par des petits gestes comme utiliser du mobilier de récupération, supprimer les machines à café à dosettes, etc.

Il ne faut pas seulement voir les coûts un par un, il faut les replacer dans leur dimension globale. Par exemple, si la nacelle est blanche, quand elle est tâchée, les parents sont incités à utiliser de l'eau de Javel. Mais l'eau de Javel abîme les produits et la planète. Nous aurions pu épaissir le produit pour qu'il soit plus résistant ou informer les parents de ne pas utiliser de l'eau de Javel. Finalement, nous avons décidé de colorer la nacelle pour que les parents ne mettent pas d'eau de Javel dessus. Le prix est le même et l'environnement est moins dégradé. C'est de l'éco-conception, de la conception intelligente.

La rentabilité

La rentabilité est une fin en soi, pas la croissance. La rentabilité permet de faire vivre toutes les personnes impliquées et de ne pas dépendre financièrement de quelqu'un d'autre. Mais la croissance du chiffre d'affaires n'est pas indispensable. En tout cas, elle ne doit pas se faire au détriment de la santé des salariés.

Par exemple, l'année dernière, nous étions tout le temps en flux tendus. Les équipes étaient donc tendues aussi. J'ai décidé d'aller à l'encontre de toutes les préconisations et de constituer un stock pour 6 mois avec des produits nouveaux qui n'étaient pas encore sortis. Cela nous a permis de travailler bien plus sereinement. **La santé des collaborateurs passe avant la santé de la trésorerie.** Je préfère stocker des produits que des euros.

Prendre soin de son écosystème

Un écosystème est complexe mais pas compliqué. Chaque relation doit être simple et chaque interaction actée. Avec nos sous-traitants, nous ne sommes pas des donneurs d'ordre. D'ailleurs, on les appelle des co-traitants pour bien souligner la collaboration. C'est cette relation collaborative, en restant à l'écoute de tous et en respectant les contraintes de chacun, qui nous permet de surmonter tous les obstacles. **Si on s'écoute, on performe mieux tous ensemble.** Ensemble, et sans rapport de force, nous trouvons toujours une solution en respectant les compétences de chaque personne.

Ma manie est de toujours demander « Pourquoi ? » : « Pourquoi n'est-il pas possible de produire comme ça ? Pourquoi avez-vous besoin de ça ? » Comme il faut absolument trouver une solution, cela nous pousse à être plus inventifs, plus astucieux, plus ingénieux. Parfois, la solution n'est pas la première chose qui nous vient à l'esprit, il faut aller encore plus loin dans notre réflexion.

Je me souviens d'un co-traitant qui devait découper plusieurs couches fines de matières plastifiées. Le souci était qu'elles se collaient entre elles. Nous avons refusé de laisser tomber cette technique et notre co-traitant a trouvé la solution : insérer du papier kraft recyclé entre chaque couche. Et ça fonctionne !

Avec nos clients aussi, nous sommes dans une relation de confiance et de bienveillance. Sur les

12 salariés, 5 sont en relation directe avec les clients. Quand nous accordons un geste commercial, il est accordé à tous les clients concernés, pas seulement aux clients qui ont exprimé leur mécontentement le plus fort. Rester à l'écoute des clients, qu'ils soient élogieux, avides de conseils ou énervés, est indispensable pour continuer d'offrir des produits qui correspondent toujours aux besoins des consommateurs.

La Brosserie Française par Olivier Remoissonnet

« L'industrie peut se faire autrement. »

Fonction :	directeur général
Société :	La Brosserie Française (Marques : Bioseptyl, 1845...)
Secteur :	produits d'hygiène
Date de création :	2012 (avec 170 ans de savoir-faire)
Effectif :	entre 10 et 50
Siège social :	Beauvais (60)

La transformation de l'entreprise

Je suis entré dans le monde de la brosse à dents en 2007, quand la société s'appelait encore Duopole. Suite à des délocalisations en Chine, j'ai vu petit à petit l'entreprise se vider de sa substance. Il ne restait qu'une petite partie de l'activité en France. Fin 2012, en redressement judiciaire, elle ne trouve aucun repreneur parce que le modèle économique avait fait son temps. C'était le moment de faire autrement ! Il était hors de question de laisser filer notre savoir-faire de la brosserie. J'ai donc décidé de reprendre la société, mais en faisant différemment.

La mission de Bioseptyl

Nous avons développé Bioseptyl, une marque de brosse à dents, pour montrer que la fabrication française n'est pas forcément plus chère. Toutes nos brosses à dents sont intégralement fabriquées en France. D'abord, j'ai refusé de m'associer avec des fonds et des banques. J'ai cherché un partenaire qui partage mes valeurs et la chance m'a fait rencontrer la société Natta qui s'investissait dans le bioplastique. Notre spécialité, c'est la brosserie, donc la tête de la brosse à dents. Pour le manche, il nous fallait trouver des matériaux nouveaux. Ensuite, notre socle, devenu immuable, repose sur l'éco-citoyenneté et la fabrication française. **Le *Made in France* seul n'est pas suffisant. Il faut l'associer à des valeurs profondes d'éco-citoyenneté.** Tout ce qu'on fait doit reposer sur ces deux piliers, y compris notre nouveau nom, La Brosserie Française.

L'éco-citoyenneté et ses externalités

1. La fabrication

Nous avons relocalisé l'ensemble de la production dans notre usine à Beauvais. Elle est organisée en îlots pour que les salariés puissent s'exprimer librement. C'est une usine ouverte qui se visite. Le tourisme industriel est une chance : 40 bus par an débarquent pour nous voir travailler, c'est une vraie rencontre avec le public. L'usine n'est pas préparée à l'avance. Les guides ont les clés, ils viennent quand ils veulent avec leurs groupes.

Nous utilisons trois formes d'énergie. L'électricité 100 % verte de parcs éoliens et hydroliens nous permet aussi de produire de l'air comprimé grâce à un moteur placé à l'extérieur de l'usine. Nous avons travaillé avec l'ADEME pour que la chaleur de ce moteur soit captée et réinjectée pour chauffer le bâtiment, ce qui diminue notre consommation de gaz. Les 4 000 m² de l'usine sont éclairés uniquement avec des LED. Pour les emballages, nous utilisons des cartons recyclés et des encres végétales.

La révolution verte se fait dans la tête des consommateurs et commence tout juste dans la tête des industriels.

2. Les produits et leur éco-conception

Nous avons développé une gamme de brosses à dents à têtes interchangeables. Notre objectif est de minimiser les produits qui viennent du pétrole. **Il y a bien assez de plastique sur Terre pour ne plus jamais en fabriquer.** Les manches de nos brosses à dents sont en bioplastique. Ce bioplastique peut provenir des déchets d'autres industries, des coquilles saint jacques concassées, de liège ou encore de lin. La partie brosse est un filament bio à 70 % de base végétale. Nous sommes en train de développer nos recherches pour atteindre un filament 100 % végétal d'ici 2 ou 3 ans.

3. La distribution sans la grande distribution

Il fallait faire le deuil de la grande distribution qui n'est pas vertueuse dans notre environnement. Maintenant la grande distribution commence à faire des efforts grâce au pouvoir des consommateurs qui se dirigent vers les magasins bio. Mais le modèle économique reste encore à trouver. Nous avons décidé de distribuer nos produits uniquement dans les magasins bio et en ligne. Nous choisissons les circuits où les clients entendent notre discours. Un abonnement est aussi disponible pour ne plus oublier de changer la tête de la brosse à dents.

Le recyclage

On estime les déchets de brosses à dents à 5 000 tonnes tous les ans en France ! Il fallait développer une filière de recyclage. Les brosses à dents usées peuvent être déposées dans les 350 magasins bio partenaires en France. Sinon, un client peut la renvoyer avec une enveloppe pré-affranchie fournie lors de sa commande.

Nous avons trois filières de recyclage :

- les brosses à dents fabriquées dans notre usine repartent dans le circuit interne pour créer d'autres produits accessoires comme les protège-têtes ;

- les brosses à dents dont on connaît l'origine mais qui ne viennent pas de notre usine repartent chez un partenaire leader européen des pots pour les fleurs ;

- les autres brosses à dents sont utilisées pour fabriquer du bitume pour les routes.

Les industriels doivent se poser la question du devenir de leurs produits après usage.

Et cette question doit être posée avant de produire. Un industriel qui met un produit sur le marché a la responsabilité de développer sa consommation responsable.

La brosse à cheveux autrement

Forts de notre réussite sur les brosses à dents, nous fabriquons maintenant des brosses à cheveux, des brosses à ongles, des brosses pour le visage, etc. Notre objectif est de revenir aux compétences de l'ancienne entreprise.

La brosse à cheveux est commercialisée sous la marque 1845, avec un support en bois de hêtre éco-géré. De temps en temps, le hêtre présente une anomalie, il est plus rouge. Ce bois est alors déclassé et utilisé en bois de chauffage. Nous récupérons ce bois déclassé pour le transformer en manche de brosses à cheveux. La partie filament est à base de soie de sanglier ou de chèvre.

L'industrie autrement

Notre rentabilité provient de justes rémunérations, des circuits courts et de notre indépendance financière. Cela a demandé une restructuration complète de l'entreprise à sa reprise dans une démarche responsable pour être toujours à l'équilibre. Les premières années, notre rentabilité était fragile mais nous n'avons jamais perdu un centime. Maintenant, notre rentabilité nous permet d'investir et tous les résultats sont réinvestis.

Le meilleur indicateur de notre responsabilité, ce sont les clients : les clients satisfaits à 97 % et les clients qui viennent à notre rencontre. Il y a une défiance qui grandit chez les consommateurs, il faut donc les rassurer. Mais il ne faut pas que ces actions responsables soient entreprises seulement par bonne conscience.

C'est tout ce qu'on fait au quotidien qui doit être responsable. Un exemple : autour de l'usine, il y a des espaces verts, un bois et un parc paysager. Bien sûr, nous ne l'avons pas transformé en parking goudronné. Depuis un an, un âne et des chèvres s'occupent de ces espaces en cohabitation avec des abeilles pollinisatrices.

Il s'agit d'appliquer le bon sens au quotidien. Le quotidien nous démontre que tout est possible dans n'importe quel domaine, et d'avancer petit pas par petit pas. Tout ne peut pas être parfait d'un seul coup. Ce qu'on peut faire aujourd'hui, on ne le reporte pas à demain. Nul besoin d'attendre un an pour faire un coup d'éclat. Pour nos brosses à dents, il vaut mieux 5 % de végétal que pas de végétal du tout.

C'est tellement agréable de se coucher léger avec l'idée d'avoir fait avancer les choses, même des petites choses. **Ce qui me passionne, c'est de démontrer que l'industrie peut se faire autrement.** J'ai l'impression d'être au *Far West* : il y a tout à faire et tout est possible. Les tribunaux de commerce regorgent de sociétés en perdition qui n'attendent que des repreneurs pour faire autrement. C'est le moment, foncez !

Oui Care
par Guillaume Richard

« Si un entrepreneur veut maximiser son profit à long terme, il est obligé d'être responsable. »

Fonction :	fondateur et président
Société :	Oui Care (marques : O2, APEF, France Présence, La conciergerie O2, Interdomicilio, AssiDom, Nounou Expert, Maison Eliya Paris, Famihero et Silver Alliance)
Secteur :	services à la personne
Date de création :	2014
Effectif :	18 000 (avec les franchises)
Siège social :	Le Mans (72)

La mission de Oui Care

Oui Care est un groupe de services à la personne, leader des services à domicile en France. Notre mission est d'améliorer le bien-être quotidien des familles en leur apportant des services à domicile de qualité : entretien du domicile, garde d'enfants, accompagnement des personnes âgées et/ou en perte d'autonomie, jardinage, conciergerie, travaux, etc. Notre ambition est de devenir l'entreprise qui, au monde, porte le plus d'attention à ses salariés et à ses clients (dans cet ordre). Si nous réussissons cela, nous deviendrons le leader mondial du service à domicile.

Le modèle économique de Oui Care

L'histoire de Oui Care commence au siècle dernier quand, en 1999, deux autres personnes et moi avons quitté nos emplois respectifs pour monter la première plateforme nationale de services à domicile sur le web : @home. Très rapidement, nous avons rencontré deux associés qui avaient monté une plateforme privée de services à domicile à Lille, avec une agence physique et un centre d'appels : Unipôles. Ils proposaient 80 services à domicile, des petits travaux de rénovation aux services à la personne en passant par la coiffure et le toilettage canin à domicile. Le modèle économique en vogue à l'époque était l'alliance du web et de l'économie réelle. C'est pourquoi nous avons décidé de fusionner et de donner naissance à la marque O2.

L'explosion de la bulle Internet en mars 2000 a réduit à néant nos espoirs d'une importante levée de fonds mais pas la détermination des trois associés qui sont restés. Un de mes associés dans @home et un des associés d'Unipôles ont définitivement jeté l'éponge. Comme nous n'avions pas assez d'argent, deux d'entre nous (dont moi) avons dû reprendre un emploi salarié. De mars 2001 à juin 2004, j'ai donc occupé un poste de cadre supérieur durant la journée. Le soir, le week-end et pendant mes vacances, je m'occupais de mon entreprise.

Durant ces trois ans un peu particuliers, nous avons effectué deux changements majeurs. D'une part, il était plus pertinent de se focaliser sur un seul service et de le proposer dans 80 villes plutôt que de proposer 80 services dans une seule ville. Nous avons donc concentré notre offre sur le ménage/repassage et la garde d'enfants. D'autre part, afin d'accroître notre valeur ajoutée, nous sommes devenus prestataires de services plutôt que concepteurs et distributeurs de services, sous-traitant la réalisation des prestations à des artisans et petites entreprises, comme c'était le cas auparavant. En 2004, notre modèle commençait à devenir intéressant. Je suis parti au Mans pour y installer le siège de l'entreprise et le dupliquer partout en France. Maintenant, le groupe compte 520 agences et 154 franchises sous 10 marques complémentaires en France, en Espagne, au Portugal et au Mexique.

Les externalités de Oui Care

Oui Care se doit d'être responsable vis-à-vis de ses trois plus grandes parties prenantes : ses salariés, ses clients et la société en général.

Pour nos salariés, le constat est simple : un salarié épanoui dans son travail, c'est l'assurance d'un client satisfait. Tous nos emplois, 16 000 créations nettes sur les dix dernières années, sont en CDI. Nous travaillons fortement sur la qualité de vie au travail (QVT) notamment en optimisant les déplacements de nos salariés, ce qui permet aussi de protéger notre planète. Nous prônons un management responsable et bienveillant. Nous sommes signataires de la charte de la diversité et pratiquons du *testing* en interne pour réduire le risque de discrimination, que ce soit sur la couleur de peau, l'âge, l'orientation sexuelle, la religion...

Nous accompagnons nos salariés dans la réalisation de leurs potentiels professionnels par une politique de formation. Ainsi, près de 40 % de nos postes sont pourvus par la promotion interne et une vingtaine de nos responsables d'agences sont d'anciens intervenants qui managent maintenant des équipes de 80 personnes en moyenne. Plusieurs dizaines de salariés passent chaque année un diplôme bac+2 ou bac+4, certains étant rentrés dans l'entreprise comme simples intervenants, avec seulement un CAP !

Enfin, nous partageons les fruits de la croissance avec nos collaborateurs : participation, intéressement et actionnariat salarié ont été mis en place. Ainsi 10 % du capital du groupe ont été donnés à plus de 400 salariés (certains managers et les salariés ayant plus de 10 ans d'ancienneté) sous forme d'attributions gratuites d'actions (AGA), ce qui est considérable et quasi inédit à une telle échelle. **Nous prévoyons d'aller jusqu'à 50 % du capital partagés avec les salariés.**

Pour nos clients, nous générons des externalités positives et réduisons les externalités négatives. Nous permettons à des personnes âgées de continuer à vivre et même à bien vivre chez elles, nous contribuons à l'éveil et au développement des enfants que nous accompagnons, nous participons à l'équilibre entre la vie professionnelle et la vie personnelle en déchargeant les familles des tâches ménagères, etc. Pour cela, nous avons développé nos propres méthodes de garde d'enfants et d'accompagnement des personnes âgées en encourageant notamment le développement des liens intergénérationnels. Nos méthodes d'accompagnement reposent sur le « faire ensemble » : ce n'est pas parce qu'une personne ne peut plus tout faire toute seule qu'elle ne peut plus rien faire du tout. Par ailleurs, nous refusons d'être complices des maltraitances psychologiques auxquelles nous sommes poussés par certains conseils départementaux qui imposent des interventions d'une demi-heure voire d'un quart d'heure ! **L'humain prend du temps et nous prenons le temps nécessaire à l'humain.**

Nous promouvons aussi un ménage écologique et nous avons même développé une gamme de produits écologiques, certifiés Ecocert®, disponibles en grande surface sous la marque « O2 essentiels ». Ce sont des produits fabriqués en France, respectueux des personnes et de l'environnement. Une étude norvégienne de février 2018 a calculé que l'utilisation de nombreux composants chimiques dans les produits ménagers serait aussi nocive que fumer 20 cigarettes par jour pendant 10 ans !

Pour la société, notre action va bien au-delà de nos contributions fiscales. Nous avons créé **un fonds de solidarité qui lutte contre les violences faites aux femmes.** Il est doté de plus de 5 % des actions de toutes les sociétés françaises du groupe. Cela signifie que plus de 5 % de nos dividendes sont reversés à cette cause. Plus d'une centaine de femmes sont ainsi chaque année directement aidées et plusieurs millions de personnes sensibilisées grâce à nos différentes actions de communication.

Un équilibre de long terme

Une entreprise responsable agit en tenant compte de l'ensemble des parties prenantes, pas uniquement pour elle. Le profit n'est pas son unique objectif. Elle mesure l'impact de chacune de ses décisions sur l'ensemble de ses clients, ses salariés, ses partenaires et la société, c'est-à-dire l'environnement, les hommes, les animaux, etc.

La meilleure décision n'est pas obligatoirement celle qui maximise le profit à court terme. Si pour maximiser son profit, une entreprise détruit l'environnement, elle ne doit pas le faire. Si pour maximiser son profit, une entreprise ne respecte pas ses salariés, elle ne doit pas le faire. Car à long terme, l'entreprise en pâtira obligatoirement. L'entreprise n'est en effet pas « hors sol » : elle est implantée dans un ou des territoires et elle interagit avec son environnement dans son ensemble.

La responsabilité est un équilibre. Un système avec des redistributions trop élevées empêche le développement de l'entreprise. De même, un système ultra écologique est un frein au développement.

Il y a un point d'équilibre à respecter entre la recherche du profit, donc les aspirations économiques, et les aspirations écologiques, sociales et sociétales.

Une vision à long terme de son entreprise demande une vision responsable. Permettre à des salariés de se former et de grandir dans l'entreprise se retrouve dans les résultats de l'entreprise. Pour que des salariés talentueux rejoignent une entreprise, il faut qu'elle mette en place des actions réelles et pas seulement de la communication, comme pour obtenir de nouveaux marchés et de nouveaux clients. De même, si elle exploite trop de ressources naturelles, au bout d'un moment, elles s'épuisent.

Si un entrepreneur veut maximiser son profit à long terme, il est obligé d'être responsable !

Je pense que les entreprises deviennent de plus en plus responsables parce que leur environnement l'impose. Les entreprises qui ne vont pas dans cette direction vont mourir à un moment ou un autre ! Parce que leurs clients et leurs salariés exigent de plus en plus d'avoir des comportements responsables et qu'ils fuiront les entreprises qui ne le sont pas.

PHENIX
par Jean Moreau

« *Le déchet est une ressource.* »

Fonction :	co-fondateur et président
Société :	PHENIX
Secteur :	anti-gaspillage
Date de création :	2014
Effectif :	entre 100 et 200
Siège social :	Paris (75)

La mission de PHENIX

PHENIX est une startup pionnière de la réduction du gaspillage. Notre objectif est de remplacer le modèle des années 90 dans lequel le déchet était un coût et quelque chose de sale. **Le déchet est une ressource.**

Nous valorisons les invendus alimentaires par trois canaux : les consommateurs, les associations et les animaux. Nous proposons les produits avec une réduction de prix 2 à 3 jours avant la date de péremption. Sur notre application mobile, le consommateur réserve le produit, le paye en ligne à -50/-60 % et passe le récupérer en point de vente. Les produits restants sont ensuite distribués gratuitement aux associations caritatives dans une logique de redistribution solidaire aux plus démunis. En troisième lieu figure l'alimentation animale : des fermes, des zoos ou la SPA récupèrent les fruits et légumes moches ou le pain rassis. Avec ces trois canaux, on arrive à converger vers le zéro déchet alimentaire. Nous sauvons 100 000 repas par jour.

Au-delà de nos outils « Tech For Good », PHENIX dispose aussi d'un volet pédagogique. Nos chefs de projet supervisent les programmes « zéro déchet » des magasins. Ce sont en fait des « coachs anti-gaspillage » de magasins alimentaires ou d'usines de production, qui accompagnent la conduite du changement et la formation des acteurs sur le terrain, des chefs d'orchestre qui coordonnent les différentes filières avec nos outils numériques et logistiques. Notre activité s'étend maintenant au-delà des produits alimentaires : le textile qui connaît beaucoup de rotation donc beaucoup de déchets, les produits d'hygiène et d'entretien, ou encore les jouets et jeux de société quand une entreprise fait des erreurs d'impression ou une édition limitée.

PHENIX fait ainsi de la poubelle l'exception et met en place un nouveau standard dans la gestion des invendus et déchets : celui de l'économie circulaire.

Le modèle économique rentable de PHENIX

Jeter des invendus est une aberration environnementale, sociale ET économique. Quand une grande surface jette ses invendus, elle n'encaisse aucun revenu dessus et, en plus, elle paye la destruction de ces invendus. Avec PHENIX, les entreprises économisent les coûts de destruction de ces déchets. Nous prenons alors un pourcentage sur ces économies. Les entreprises récupèrent aussi une réduction d'impôt qui peut aller jusqu'à 0,5 % de leur chiffre d'affaires. C'est donc dans leur intérêt économique de ne pas jeter ce qu'elles considèrent comme des déchets. Cerise sur le gâteau : elles peuvent communiquer sur cette valorisation et améliorer leur image de marque.

Nous transformons ce centre de coûts pour les entreprises en centre de profits. **Là où les professionnels de l'alimentation perdaient de l'argent, ils en gagnent grâce à la valorisation des déchets**, tout en permettant à des personnes de mieux se nourrir, à travers notre application ou parce qu'ils sont bénéficiaires de l'aide alimentaire.

Nous sommes rentables parce que nous créons de la valeur, dans le sens monétaire et dans le sens moral. Nous créons de la valeur pour nos salariés, nos actionnaires, nos clients, nos fournisseurs, ainsi que pour la collectivité, la société et la planète. PHENIX remet au goût du jour le « bon sens paysan ». Dans une ferme, rien n'est jeté.

L'entrepreneuriat à impact positif est la voie médiane entre le capitalisme et l'ONG. **L'entrepreneuriat social marche sur deux jambes : une jambe économique, financière et une jambe d'utilité publique.** Nous ne sommes pas uniquement que par la croissance et la rentabilité. Nous aspirons à une cause qui dépasse l'intérêt de l'entreprise.

Les externalités de PHENIX

Notre action a des impacts environnementaux, sociaux et économiques, les trois piliers du développement durable.

- Sur le plan environnemental, nous nous attaquons à un problème majeur : le gaspillage. Il faut bien retenir qu'un tiers de la production mondiale de nourriture est jeté. En France, 20 à

30 kg d'aliments sont jetés par personne et par an, dont 7 kg encore emballés !

- Sur le plan social, nous nous attaquons à une injustice criante : 5 millions de personnes en France dépendent de l'aide alimentaire, un Français sur cinq déclare ne pas manger tous les jours à sa faim ! La nourriture jetée en France pourrait nourrir 10 millions de personnes par an.

- Sur le plan économique, le gaspillage alimentaire coûte 16 milliards d'euros à la France chaque année, selon l'ADEME. Au niveau mondial, la *Food & Agriculture Organization* (FAO) estime que le coût économique direct des produits perdus ou gaspillés s'élève à 900 milliards d'euros par an.

De surcroît, nous avons créé 170 emplois en France, dont une bonne partie en dehors de Paris avec 27 antennes dans l'hexagone et une sur l'île de La Réunion. Créer de l'emploi local est aussi un enjeu pour les territoires. Et bien sûr, notre activité économique nous permet de rendre aux actionnaires la confiance qu'ils nous ont donnée et d'envoyer un message fort : investir dans la « Tech for Good », ça vaut le coup. Ce secteur démontre au fil des mois son potentiel de développement, de « scalabilité » !

L'économie de demain

Pour moi et pour le Mouvement des entrepreneurs sociaux (MOUVES) dont j'ai pris la co-présidence en mai 2020 avec Eva Sadoun (LITA.co), l'économie de demain s'appuie sur quatre piliers : l'impact social, l'impact environnemental, le partage des richesses et le partage du pouvoir. Ces quatre axes fondent les grandes lignes à suivre pour se transformer et prendre ses responsabilités dans la transition sociale et écologique.

1. L'impact social est l'utilité sociale du comportement de l'entreprise

D'une part, au sein de l'entreprise, nous cherchons à être inclusifs, à instaurer une stricte parité, à permettre à tous les collaborateurs de télétravailler, à veiller à un écart maximum raisonnable entre le plus haut et le plus bas salaire, à adopter un congé paternité bien plus long que celui imposé par la loi en signant le « Parental Act », etc.

D'autre part, nous cherchons toujours à produire local quand cela est possible pour ne pas délocaliser les emplois, nous assurons la sécurité des prestataires, nous veillons à ce que nos fournisseurs ne fassent pas travailler des enfants et qu'ils respectent les droits de leurs salariés, notamment en leur fournissant le matériel adéquat pour éviter les accidents de travail et assurer leur protection, etc.

2. L'impact environnemental revient à la question des externalités négatives

Produire bio et local, c'est génial, mais si pour produire, une entreprise a déboisé une forêt afin d'y installer des champs, alors elle doit financer une reforestation proportionnelle pour compenser le bilan carbone. De la même façon, un industriel doit veiller à utiliser des produits qui ne polluent pas les eaux et si une pollution est inexorable, il doit mettre en place un système de retraitement, de filtrage. Les habitants des communes voisines ne doivent pas pâtir de sa production, ils doivent boire une eau saine et respirer un air sain.

Si l'activité est déconnectée de l'environnement, elle peut financer des projets environnementaux. Par exemple, elle peut proposer aux clients de payer l'arrondi supérieur pour financer une reforestation ou la préservation d'une sphère de biodiversité, planter un arbre à chaque achat, etc. Les idées ne manquent pas !

3. Le partage des richesses correspond à une société où l'insécurité alimentaire a disparu

Comment peut-on avoir 5 millions de personnes qui ont besoin de l'aide alimentaire pour vivre et un gaspillage alimentaire si important ? Dans un pays aussi riche que la France, cela n'est pas tolérable. Donner à chacun de quoi s'alimenter correctement n'est pas faire une révolution, c'est une nécessité éthique comme sanitaire. On oublie trop souvent que la malnutrition et la sous-nutrition créent des problèmes de santé publique. Soigner les maladies qui en découlent représente un coût considérable pour l'État. Au final, si chacun a les moyens de manger à sa faim tout en garantissant l'apport en protéines, en fibres, en sels minéraux et acides aminés nécessaires au bon fonctionnement du corps, cela réduit les dépenses publiques en matière de santé. C'est donc un investissement rentable pour la Sécurité sociale.

4. Le partage du pouvoir et la gouvernance : le maître-mot, c'est la transparence !

Il faut être transparent vis-à-vis de ses clients, de ses fournisseurs, de ses salariés, etc. Les gens ont développé une méfiance, notamment vis-à-vis de certains professionnels de l'agroalimentaire. Pour l'exprimer grossièrement, les gens ont peur qu'on les intoxique derrière un marketing bien travaillé. Des initiatives comme Yuka ou C'est qui le patron ?! mettent en lumière cette crainte et cherchent à y apporter une réponse.

La transparence concerne aussi les collaborateurs. Ils ont besoin de savoir qu'ils peuvent avoir confiance dans leur entreprise, de pouvoir identifier les décisionnaires et de savoir comment sont prises les décisions. Bien sûr, il faut respecter une certaine confidentialité, tout ne peut pas être public. L'important est d'écouter ses collaborateurs, de s'intéresser à ce qu'ils veulent savoir et ensuite d'arbitrer en prenant en compte un principe de réalité. **Une chose est sûre : moins d'opacité et plus de démocratie vont de pair.**

Photosol
par David Guinard

> « *La seule façon d'inciter les entrepreneurs à développer des entreprises responsables, c'est de montrer qu'on gagne de l'argent avec.* »

Fonction :	co-fondateur et directeur général
Société :	Photosol
Secteur :	énergie
Date de création :	2008
Effectif :	entre 50 et 100
Siège social :	Paris (75)

La mission de Photosol

La mission de Photosol est de produire une électricité renouvelable par la création de centrales photovoltaïques de grandes surfaces. Photosol est un des leaders dans la production d'énergie photovoltaïque avec 34 centrales en France métropolitaine et 4 centrales en Outre-mer, représentant plus de 300 mégawatts crête (MWc, l'unité de mesure pour l'électricité photovoltaïque) en exploitation. Nous produisons l'équivalent de la consommation en énergie de 110 000 foyers par an.

Aujourd'hui, parmi les nouvelles capacités de production d'électricité qui s'installent dans le monde, l'énergie solaire est largement devant, surtout en Chine et aux États-Unis. C'est uniquement parce que l'électricité photovoltaïque est la moins chère. Il n'y a que la France qui résiste encore.

Chez Photosol, nous nous battons pour transformer un secteur traditionnel dominé par des groupes d'intérêts qui utilisent des armes démesurées contre nous. L'argument le plus utilisé est celui du prix. Mais en douze ans, **l'électricité photovoltaïque est devenue deux fois moins chère que l'électricité nucléaire.** Le seul inconvénient de l'énergie solaire, c'est l'intermittence puisqu'on ne peut pas produire la nuit. Le souci du stockage commence à se résoudre avec des nouvelles techniques comme l'hydrogène, l'air comprimé, etc. Évidemment, il ne faut pas produire exclusivement en solaire mais le photovoltaïque est une alternative intéressante aux autres formes d'électricité.

Le modèle économique de Photosol

Quand nous installons une centrale photovoltaïque, cela nous coûte les achats de matériels pour l'installation, puis sur 40 ans, les loyers versés au propriétaire du terrain, le coût de l'entretien et les taxes. Tous ces coûts doivent être couverts par le chiffre d'affaires qui est le simple produit entre les mégawattheures (MWh) produits et le prix de vente de l'électricité. EDF (ou d'autres acteurs) s'engage à acheter cette électricité pendant 20 ans, donc nous connaissons avec précision notre chiffre d'affaires sur les 20 premières années d'une exploitation.

Il y a 10 ans, le prix de l'électricité photovoltaïque pouvait monter jusqu'à 650 euros le MWh. À titre de comparaison, un particulier paie environ 140 euros le MWh et l'EPR de Flamanville annonce un prix entre 110 et 120 euros le MWh. Les centrales que nous mettons actuellement en service proposent un prix autour de 50 euros le MWh, soit deux fois moins que l'électricité nucléaire. Aux États-Unis, le MWh tourne déjà autour de 25 dollars (soit moins de 23 euros).

Quand l'électricité photovoltaïque était plus chère que le prix du marché, EDF était contraint de l'acheter et l'État lui remboursait la différence grâce à la contribution au service public de l'électricité (CSPE) payée par tous les consommateurs sur leurs factures. Maintenant que le prix de l'électricité Photosol est inférieur au prix du marché, nous commençons à être sollicités par des grandes entreprises très consommatrices d'électricité ou des concurrents d'EDF.

Notre rentabilité se raisonne en termes de projets, surtout en termes de valeur actuelle nette (VAN) par mégawatt qui ne doit pas être en dessous d'un certain niveau pour couvrir tous les coûts. Par exemple, quand les banques d'affaires nous classent, elles prennent en compte la valeur du MW et le nombre de MW par salarié pour mesurer notre efficacité.

La seule façon d'inciter les entrepreneurs à développer des entreprises responsables, c'est de montrer qu'on gagne de l'argent avec. Je pense même qu'on gagne plus d'argent en étant responsable et que les entreprises se développent de manière plus importante. Quand nous gagnons un appel d'offre, notre politique responsable est de plus en plus un critère décisif de sélection. Je crois au pouvoir du marché : une entreprise qui ne se comporte pas de façon responsable ne pourra pas réussir à long terme parce qu'à un moment ou à un autre, elle ne sera plus rentable, grâce au poids du consommateur qui va encore augmenter. Cela ne va plus être possible de vendre le moindre produit s'il n'y a pas une action positive derrière.

Éviter, réduire, compenser

Comme pour toute implantation d'un projet sur un terrain, la construction d'une centrale photovoltaïque demande une étude d'impact pour étudier ses conséquences sur la biodiversité, la faune et la flore. Cette étude doit durer plus d'un an pour avoir le temps d'analyser toutes les migrations d'animaux et tous les cycles de floraison. Nous devons alors respecter le principe « éviter, réduire, compenser ». Cette politique a été introduite par la loi relative à la protection de la nature de 1976, consolidée en 2016 par la loi de reconquête de la biodiversité, de la nature et des paysages. Elle oblige la prise en compte des enjeux environnementaux bien en amont d'un projet, dès sa conception, dans le cadre des procédures administratives d'autorisation. L'ensemble des thématiques de l'environnement sont abordées : air, eau, sol, sous-sol, bruit, santé des populations, biodiversité, paysages, etc.

- Éviter : toute nouvelle installation doit éviter de modifier la biodiversité d'un lieu. Nous cherchons donc des lieux qui n'hébergent pas des insectes en voie de disparition ou des fleurs rares par exemple. Le choix du site est un des enjeux majeurs de l'implantation d'une centrale photovoltaïque. Parfois les études apportent des conclusions contre-intuitives : certains sites pollués présentent une biodiversité extrêmement riche, tandis que des terres naturelles peuvent jouer un rôle mineur dans un écosystème local. L'idée est aussi de démarrer les études sur des zones plus larges que le projet final, en excluant certains espaces, en préservant des corridors naturels, etc.

- Réduire : si éviter n'est pas possible, nous devons réduire au maximum notre impact, notamment en mettant en place des mesures spécifiques pendant le chantier (périodes strictes d'intervention par exemple) et sur le projet en lui-même (mise en place de haies végétales par exemple pour réduire l'impact paysager).

- Compenser : s'il y a un impact résiduel, qui n'a pas pu être évité et qui subsiste après les mesures de réduction, il doit être compensé. Il n'y a pas de règle, mais l'objectif est que le bilan global, du projet et de sa compensation, conduise à une amélioration de la situation initiale. Par exemple, lorsque des défrichements sont réalisés, les boisements compensateurs réalisés sur d'autres terrains sont souvent au triple de la surface, et sur des boisements de qualité identique ou supérieure.

Une étude d'impact représente un an de travail avec un cabinet indépendant et des frais importants. Mais elle est primordiale dans notre volonté de réduire au maximum nos externalités négatives. Il serait même intéressant de la développer pour toutes les activités économiques. Par exemple, pourquoi la construction d'une maison individuelle n'est pas soumise à cette étude d'impact, ni au principe « éviter, réduire, compenser » ?

En aval, nous devons aussi intégrer le recyclage des panneaux solaires qui ont une durée de vie estimée de 40 ans. La loi nous oblige, comme pour tous les déchets d'équipements électriques et électroniques (DEEE) à recycler ces panneaux et à payer le recyclage. Le coût du recyclage des panneaux est donc prévu à l'avance et on provisionne le démantèlement à la fin de la première période d'exploitation de 20 ans, afin de pouvoir assumer ce coût quelques années plus tard (normalement au bout de 30 à 40 ans selon les centrales).

Les externalités de Photosol

Photosol produit une électricité verte, sans accident, en émettant très peu de gaz à effet de serre. Il n'y a que l'énergie hydraulique qui soit moins polluante et moins chère. Pour aller plus loin dans notre souci d'exemplarité écologique, nous avons lancé une analyse du cycle de vie (ACV) de notre entreprise. L'empreinte carbone est étudiée pour toutes les facettes de notre activité : les déplacements, la comptabilité, la production, les réunions, etc., absolument tout. Sur la base du chiffre auquel nous aboutirons (qui représentera notre « impact carbone brut »), nous mettrons en place des démarches de compensation, en partenariat avec des associations et des organismes qui protègent la biodiversité. Grâce à la compensation, nous produirons de l'électricité à empreinte carbone positive. Il ne s'agit pas simplement de « planter des arbres », mais bien de mettre en place une démarche qualitative qui aboutisse à un bilan positif de notre activité économique (sans même tenir compte de notre production électrique propre).

Toute activité économique devrait être compensée, y compris la consommation.

Chaque consommateur devrait avoir une empreinte carbone au moins nulle, voire positive. Cet idéal se heurte aujourd'hui à deux écueils : la difficulté à disposer d'une estimation précise de l'impact carbone de toutes les activités humaines, et une référence commune du « prix du carbone » sur laquelle fonder la compensation.

Notre volonté est de mettre en cohérence notre fonctionnement dans tout ce qu'on fait. Nous faisons en sorte que nos salariés se sentent bien chez nous. Ce n'est pas tous les jours facile parce que les gens viennent d'horizons différents. Le télétravail est ancré dans les mœurs, notamment parce que beaucoup de nos salariés sont sur les routes. Il est rare que l'ensemble des collaborateurs soit réuni dans les bureaux, en dehors de quelques événements annuels comme le repas de Noël ou le séminaire.

Les salariés choisissent librement les formations qu'ils veulent suivre, réalisées en interne, entre les services ou par les instances professionnelles. Certains d'entre eux sont aussi intéressés au succès de Photosol en étant associés au capital grâce à des bons de souscription de parts de créateur d'entreprise (BSPCE), et ce schéma sera progressivement étendu. On réagit aux volontés des salariés, chacun peut proposer ce qu'il veut, ce dont il a besoin. C'est comme ça qu'ont été mis en place des cours de sport par exemple.

Le principe est de se comporter du mieux possible avec tout le monde. Les salariés sont conscients de représenter Photosol dans tout ce qu'ils font, même après leur départ de la société. La meilleure récompense est de voir le taux de démission et le turnover très faibles.

Saint Honoré Cleaning par Marine Billiard

« *Une entreprise doit être responsable et rentable pour être durable.* »

Fonction :	fondatrice et présidente
Société :	Saint Honoré Cleaning
Secteur :	entretien
Date de création :	2013
Effectif :	entre 50 et 150
Siège social :	Paris (75)

La mission de Saint Honoré Cleaning

La mission de Saint Honoré Cleaning est de prendre soin des gens et des lieux. Nous revalorisons les métiers de l'entretien et du nettoyage dans les lieux haut de gamme. Quand j'étais prête à me lancer dans une nouvelle aventure entrepreneuriale, toutes mes idées d'entreprises tournaient autour de l'écologie. Je cherchais un moyen de créer un service utile et durable. **Notre planète nous a donné beaucoup, maintenant il faut en prendre soin.** Un hôtel 5 étoiles qui avait besoin d'une équipe complète de service d'étages cherchait une entreprise avec des valeurs compatibles aux leurs. C'était la naissance de Saint Honoré Cleaning.

Dans les premiers temps, j'ai surtout appris les métiers que je proposais. Une contrainte s'est transformée en opportunité car au tout début de l'aventure, la première responsable que j'ai recrutée n'a pas pu venir. Pendant six mois, je suis donc devenue la chef d'équipe et j'ai expérimenté les vraies conditions de travail. J'ai pris le temps de découvrir les postes et le fonctionnement d'une organisation telle que le *housekeeping*. C'est la seule solution pour comprendre ce que vivent mes équipes. Cette étape a été cruciale dans mes recherches pour faciliter le travail de mes équipes et pour trouver les bonnes innovations écologiques.

Au début, nous utilisions des produits ménagers classiques. Et je voyais bien dans quel état étaient mes mains quand j'avais passé une journée entière à nettoyer des chambres avec ces produits. Sans parler de l'odeur et de l'effet néfaste de tous ces produits sur l'environnement. J'ai alors cherché d'autres techniques pour améliorer les conditions de travail des salariés et protéger la nature.

Prendre soin des lieux sans polluer l'environnement

Il a fallu attendre que les technologies se développent. En tout, nous avons testé 32 technologies avant de trouver celles qui permettent un résultat optimal et une protection aussi bien des salariés, des clients des hôtels et de la planète. Quand j'ai découvert la technique de la vapeur sèche, les machines étaient trop volumineuses, ce qui ne les rendaient pas maniables dans une chambre. Nous avons encore attendu un an pour avoir accès à des machines de vapeur sèche qui sont facilement manipulables. La vapeur sèche tue toutes les bactéries sur son chemin, avec la pression et une température jusqu'à 120 °C. C'est le même principe que la stérilisation d'un biberon.

À partir de 2016, nous avons intégré cette technologie pour chaque nouveau client. **Nous sommes les premiers à avoir nettoyé un hôtel de fond en comble à la vapeur sèche en 2016.** Deux ans plus tard, nous avons adopté l'eau ozonée. Cette technique transforme l'oxygène O_2 en ozone O_3. L'eau du robinet passe dans une machine pour la transformer en eau ozonée et devenir un désinfectant très puissant.

Tous ces changements de techniques ont nécessité une stratégie d'accompagnement avec beaucoup de pédagogie, de chiffres et d'études pour changer les mentalités. Une sorte d'héritage culturel qui persiste fait penser à certaines personnes qu'une chambre est moins bien lavée sans les produits chimiques. Pourtant l'eau ozonée est plus puissante que l'eau de Javel. Certains pensaient même que c'était dangereux. Je me revois en démonstration mettre un « pschitt » d'eau ozonée dans ma bouche pour montrer que c'était vraiment une technologie saine.

Dorénavant, nous n'utilisons plus les produits chimiques que pour des travaux tenaces et techniques tels que du ciment sur du carrelage ou du calcaire très incrusté. Pour nettoyer une salle de bain dans un hôtel, 10 litres d'eau suffisent contre 80 litres pour un nettoyage avec produits chimiques. **Ainsi, 80 % du nettoyage s'effectue sans produit… et un peu d'huile de coude !**

Le nettoyage avec produits toxiques est tellement ancré dans les habitudes que cela a été difficile de recruter des personnes qui acceptaient ces nouvelles techniques. Il est plus facile pour nous de recruter des agents d'entretien qui n'ont aucune expérience et de les former à nos techniques.

Prendre soin des salariés

Toutes ces nouvelles techniques préservent la santé de nos salariés. Prendre soin des salariés, c'est aussi leur demander ce dont ils ont besoin et les considérer avec bienveillance et respect. Le plus important, c'est de prendre le temps de les écouter. Nous essayons toujours de trouver la bonne mission pour la bonne personne parce que chaque situation est personnelle. Notre rôle est de comprendre leur vie et si c'est possible, nous nous adaptons à leurs contraintes. Par exemple, si une personne a des contraintes horaires le matin, nous allons essayer de lui confier une mission qui est plus tard dans la journée.

Les salariés ne représentent pas une charge, ils sont une richesse. L'entreprise n'a de valeur que par les personnes qui la composent. Saint Honoré Cleaning réunit 28 nationalités différentes. Cela représente une richesse incommensurable de travailler avec ces personnes et apporte beaucoup d'humilité. Alors nous essayons de les aider au mieux : dans leurs démarches administratives, dans leurs droits à faire valoir, dans leurs recherches de logements, etc.

Nous développons les attentions particulières pour les remercier au quotidien de leur formidable travail et de leur engagement. Par exemple, quand ils ne pouvaient pas se rendre sur leur lieu de travail à cause des grèves des transports à la fin de l'année 2019, l'entreprise leur payait des taxis. Une tradition est aussi d'envoyer un plateau repas avec des bons produits à chaque personne qui travaille le soir de Noël.

Le modèle rentable de Saint Honoré Cleaning

La rentabilité et la responsabilité sont liées. Si une entreprise n'est pas rentable, elle ne peut pas être responsable. Et la responsabilité améliore la rentabilité.

Intégrer le développement durable a participé à la croissance de Saint Honoré Cleaning.

La structure de coût a été modifiée : au lieu d'acheter des produits tous les mois, j'acquiers du capital qui rentre dans l'actif de la société et qui s'amortit. Un an de produits toxiques correspond à une machine qui dure trois ans. Même avec la maintenance et la formation nécessaire, c'est plus rentable.

Une entreprise doit être responsable et rentable pour être durable.

Nous essayons de créer un écosystème qui nous ressemble et nous rassemble autour de ces valeurs. Quelques portes restent fermées mais je ne regrette rien. Je ne veux pas positionner des salariés chez des clients qui ne partagent pas ces valeurs. Je me suis même rétractée d'un marché qui aurait fait doubler la taille de mon entreprise, en recrutant 120 personnes supplémentaires, parce que ce client ne voulait pas ajouter un poste pour une personne dédiée au bien-être de l'équipe. Mais cette décision m'a permis de rester alignée avec mes valeurs et de préserver la vision de l'entreprise.

La vision de l'entreprise a été déterminée avec notre « pourquoi » dont découle nos priorités. Toutes nos décisions sont prises en fonction de ces priorités.

Chez Saint Honoré Cleaning, la première priorité reste le bien-être des salariés.

Une démarche éco-responsable

Saint Honoré Cleaning est engagée dans une démarche éco-responsable. Au début de l'aventure, nous avons commencé avec des petits changements. Au fur et à mesure du développement de l'entreprise, les changements ont pris de l'ampleur. Par exemple, quand nous avons commencé, nos moyens ne nous permettaient pas d'acheter des tenues complètes fabriquées en France. Grâce au développement de l'activité, nous avons pu investir de façon plus responsable dans des polos de fabrication française. Et quand nos moyens nous le permettront, nous achèterons des tenues complètes *Made in France*. Si les tenues sont plus résistantes à long terme, c'est le meilleur choix économique.

Pour que les changements deviennent des habitudes, nous sélectionnons 3 sujets tous les 3 mois. Cette « règle des 3 » permet d'avancer petit pas par petit pas. Cela peut concerner le tri sélectif, un nouveau moteur de recherche, le transport des salariés, le chauffage des locaux, l'isolation, l'ameublement des bureaux, etc. **Chaque changement nous emmène plus loin sur le chemin de la responsabilité.**

L'éco-responsabilité reste un sujet complexe qu'il est préférable d'aborder dans une dimension collective. La dynamique est créée par les entrepreneurs eux-mêmes qui s'organisent pour partager leurs expériences et avancer ensemble. Le Centre des jeunes dirigeants (CJD) réfléchit sur ces thématiques depuis déjà 20 ans. C'est un formidable réseau d'accompagnement des entreprises dans leur démarche éco-responsable, tout comme l'Institut du mentorat entrepreneurial (IME). Il faut aussi souligner le rôle des collectivités locales qui soutiennent les entreprises pour avoir plus d'impact et pour être reconnues dans leur démarche.

SEB
par Joël Tronchon

« C'est de la responsabilité d'une société de créer la filière de recyclage de ses produits. »

Fonction :	directeur du développement durable
Société :	Groupe SEB
Secteur :	petit électroménager
Date de création :	1857
Effectif :	35 000
Siège social :	Écully (69)

La mission du Groupe SEB

La mission du Groupe SEB est de faciliter la vie quotidienne des consommateurs avec des produits durables et des services innovants. L'histoire commence en 1857 à Selongey (Côte-d'Or) quand Antoine Lescure crée un atelier de ferblanterie. Il façonne des objets en fer recouverts d'une couche d'étain. L'entreprise devient SEB (Société d'Emboutissage de Bourgogne) au sortir de la Seconde Guerre mondiale et sa réputation explose en même temps que les ventes de la fameuse « Super Cocotte SEB » dès 1953. S'en suit une longue série d'acquisitions de marques comme Tefal, Rowenta, Krups, Moulinex, Calor, etc. Maintenant, SEB est la référence mondiale du petit équipement domestique. Le Groupe SEB vend 12 produits par seconde dans le monde. Cela représente 350 millions de produits vendus par an dans près de 150 pays.

Une conception durable et inclusive

SEB fait partie des premières sociétés à avoir pris en compte le développement durable dans sa stratégie globale. Dès 2006, le groupe a créé une direction développement durable, ce qui était peu courant, même parmi les grandes entreprises. SEB travaille actuellement sur l'accessibilité de ses produits. Nous développons pour 2021 une gamme spécifique qui sera ergonomique pour tous les consommateurs, spécialement adaptée aux seniors et personnes en situation de handicap avec un design inclusif. Par exemple, une personne doit pouvoir ouvrir nos produits avec une seule main. On commence par une bouilloire, un grille-pain et une machine à café.

Pour lutter contre l'obsolescence programmée, SEB conçoit des produits durables et réparables avec des standards de qualité très élevés. Au début des années 2000, même face à la concurrence de produits *low cost* fabriqués dans des conditions sociales et environnementales peu exigeantes, nous avons choisi de faire le pari de la qualité, de l'innovation et du durable.

La réparabilité contre l'obsolescence

Nous sommes entrés de plain-pied dans l'économie circulaire avec le sujet de la réparabilité de nos produits qui est décidée dès la conception des produits. Par exemple, on choisit de visser des éléments plutôt que de les coller. **Même si cela coûte plus cher à produire, il vaut mieux**

visser des sous-ensembles pour permettre de démonter et de faciliter la réparation.

Nous stockons 6 millions de pièces détachées avec l'engagement de proposer une pièce détachée pendant 10 ans après l'arrêt de la production d'un produit. Nous travaillons avec 6 200 réparateurs agréés SEB dans le monde, dont 220 en France, qui reçoivent une formation à nos produits. Donc SEB fait vivre tous ces réparateurs grâce à ses marques. Les prix de ces pièces détachées ont été drastiquement baissés. Pour nous, ce n'est pas une source de marge, c'est un service client, une forme d'investissement qui nous permet d'être dans les marques préférées des clients.

Avec Rowenta, nous avons testé un forfait réparation accessible et « tout compris » : pour environ 30 % du prix du produit neuf (pièces et main d'œuvre comprises), le consommateur peut se rendre chez n'importe quel réparateur et quelle que soit la panne, le produit sera réparé rapidement. Il achète ce forfait réparation sur les sites Internet de nos marques uniquement quand le produit tombe en panne et non pas au moment de l'achat. Devant le succès de ce test pilote, nous avons pris la décision de généraliser ce service à l'été 2020 pour les marques SEB, Moulinex, Tefal, Krups et Calor.

Dernière innovation pour la réparation de nos produits : l'impression 3D de pièces détachées pour imprimer à la demande. Pour le moment, elle est opérationnelle pour environ 80 références.

Nous testons aussi l'usage mutualisé des produits avec la location. En partenariat avec Monoprix, nous avons lancé le service Eurêcook à Paris, un service de location d'appareils culinaires, pour permettre aux consommateurs d'utiliser nos produits pendant quelques jours. Mais le modèle économique n'est pas encore stabilisé, alors que la logistique fonctionne.

Au dernier trimestre 2020, nous ouvrirons à Paris un centre d'économie circulaire, REPARESEB, avec le groupe d'insertion ARES, un acteur clef de l'économie sociale et solidaire (ESS). Dans ce magasin-atelier, les consommateurs pourront venir réparer leurs petits électroménagers, acheter des produits d'occasion, voire louer des appareils. Des formations et des animations pour sensibiliser le grand public à la réparation seront aussi organisées. Les salariés seront en parcours d'insertion, ce qui correspond aux valeurs du groupe SEB et à notre politique de mécénat ciblée sur la lutte contre l'exclusion.

Le recyclage

Le développement de l'économie circulaire chez SEB représente un retour aux sources pour nous. Le fondateur, Antoine Lescure, était rétameur. Il réparait les casseroles, de village en village. Il était déjà dans une forme d'économie circulaire parce que le métal était rare et cher. C'est donc dans l'ADN du groupe.

Nous choisissons prioritairement des matériaux recyclables, en évitant de mélanger des matières, notamment plastiques. Nous travaillons aussi sur des matériaux alternatifs comme l'inox, le bois, pour les poignées, ou le verre. **Mais attention aux idées reçues, le plastique, notamment recyclé, a un meilleur impact environnemental que le verre.**

Le plastique est encore présent dans beaucoup de nos produits. Nous utilisons du plastique recyclé acheté sous forme de billes aux recycleurs et centres de tri. Il est contrôlé par des laboratoires indépendants afin qu'il ne comprenne aucun produit chimique qui pourrait poser problème.

En France, la filière de recyclage du plastique est bien installée et très efficace. Mais dans d'autres pays, le recyclage du plastique n'a pas de filière organisée. Nous travaillons alors avec ces pays pour qu'ils montent des filières de recyclage du plastique, notamment en Asie.

Année après année, nous augmentons la part du plastique recyclé dans nos produits. Cela a demandé des investissements industriels lourds, entre autres pour les moules. On a commencé petit et on augmente notre capacité au fur et à mesure. Il ne faut pas attendre d'être parfait pour commencer.

Le plastique est aussi une préoccupation sur nos emballages. Nous avons donc pris l'engagement de ne plus utiliser de sous-emballages en plastique, ni de polystyrène d'ici 2023. Dès 2021, il n'y aura plus de sachets en plastique autour de nos poêles et casseroles Tefal. Les alternatives au polystyrène sont le carton en nid d'abeille ou la cellulose moulée pour caler les produits dans le carton d'emballage.

C'est de la responsabilité d'une société de créer la filière de recyclage de ses produits. C'est donc de notre responsabilité de monter une filière pour recycler nos poêles et casseroles. Une ou deux fois par an, des opérations recyclage permettent de rapporter les casseroles de toutes les marques au distributeur en échange d'un bon de réduction de 30 à

50 % sur l'achat de gammes durables et responsables fabriquées en France. Depuis 8 ans, nous avons déjà collecté 1,5 million de poêles et casseroles. Elles sont alors recyclées par des partenaires qui séparent les matériaux, en sortent des disques d'aluminium recyclé qui repartent dans notre usine de Haute-Savoie. Et SEB fabrique maintenant des poêles intégrant 100 % d'aluminium recyclé. Nous sommes encore les seuls à en fabriquer. Cela représente une économie de 90 % de rejet de CO_2 par rapport à la fabrication d'une poêle en aluminium vierge. La poêle recyclée est un peu plus chère que la poêle d'entrée de gamme mais ce n'est pas du tout le produit le plus cher.

« Prendre soin des salariés et des territoires »

SEB produit dans 11 sites de production en France et 42 usines réparties sur quatre continents pour ne pas produire trop loin du bassin de consommation. Nous sommes quand même obligés d'exporter certains de nos produits. Par exemple, les Japonais ne veulent pas de poêles fabriquées en Chine, ils veulent du *Made in France*. Dans nos usines en Chine, nos standards de sécurité sont très élevés. Nous avons créé un socle social mondial, commun à toutes les usines dans le monde, sur la santé et la sécurité de nos salariés. Il n'y a aucune différence de procédures de sécurité entre une usine en France et une usine située dans un autre pays.

En France, les chiffres parlent d'eux-mêmes : un turnover de 1,40 % en 2019 ! On ne part pas de rien. Dans les années 60, SEB était déjà en avance sur les sujets sociaux et sociétaux, notamment le partage des richesses. Par exemple, c'est l'un des premiers groupes à mettre en place des plans de participation et d'intéressement bien avant que la loi ne l'impose. Un document de 1972 atteste déjà que notre but est de « prendre soin des salariés et des territoires ».

Les engagements sociaux et le respect de l'éthique vis-à-vis des salariés doivent être en cohérence avec les engagements de développement durable vis-à-vis de la société. Si une entreprise vend des super produits durables qui génèrent très peu d'externalités négatives pour la planète, mais qu'en interne, le turnover des salariés est de 20 %, tellement la gestion sociale est épouvantable, cela ne peut pas fonctionner. **Ce qui se voit à l'extérieur doit aussi se vivre à l'intérieur.**

Toutes les sociétés qui ne misent que sur la communication externe risquent le *greenwashing* ou le *socialwashing*. Les discours d'entreprises responsables doivent être en cohérence avec les pratiques et les actes, en interne comme en externe. Et la performance environnementale doit aussi s'accompagner de performance sociale.

Chez SEB, nous misons beaucoup sur la formation et la qualité de vie au travail de nos collaborateurs. Par exemple, nos salariés peuvent utiliser une plateforme d'aides à domicile pour leur entourage. Tous les sites travaillent en partenariat avec les lycées professionnels de leur territoire, les entreprises qui emploient majoritairement des personnes en situation de handicap, les établissement et service d'aide par le travail (ESAT) et les structures d'insertion.

Système U
par Dominique Schelcher

« Le lien entre la performance économique et l'ancrage local est une évidence. »

Fonction :	président directeur général
Société :	Système U (Hyper U, Super U, U Express, Utile)
Secteur :	grande distribution
Date de création :	1898
Effectif :	70 000
Siège social :	Rungis (94)

La mission de Système U

La mission de Système U est de proposer une alternative aux pratiques traditionnelles de la grande distribution en privilégiant l'humain, le lien local et un système de valeurs plus responsables. Les magasins U permettent aux Français de bien se nourrir et de mieux manger grâce à un fort ancrage local. Nous sommes particulièrement présents sur les territoires ruraux : la moitié des magasins sont dans des villes de moins de 5 000 habitants. Souvent, le magasin U forme le dernier rempart économique et le dernier employeur d'un territoire quand les industries s'en vont.

Des commerçants indépendants et libres

Système U est une coopérative de commerçants indépendants. Chaque magasin a un dirigeant indépendant, propriétaire de ses murs et de son fonds de commerce, et libre de sa stratégie. Parfois, les magasins U sont dirigés de père en fils sur plusieurs générations. Moi-même, je suis propriétaire d'un magasin en Alsace qui a été monté il y a plus de 50 ans par mes parents.

La coopérative met en commun des moyens : des achats en plus gros volume pour obtenir des prix plus intéressants et tout un ensemble de services mis à la disposition des magasins. Elle est au service des magasins qui sont eux-mêmes au service de l'économie locale. En moyenne, les magasins réalisent 80 % de leurs achats par la centrale d'achat pour obtenir des marques nationales et notre marque distributeur, les produits U. Les 20 % restants sont à la discrétion de chaque magasin qui sélectionne des produits locaux en toute liberté.

Un ancrage local

Les magasins adhèrent totalement aux valeurs de Système U, dont la mise en avant des produits bio, tout en conservant leur liberté pour adapter leurs produits aux besoins de leur territoire. Par exemple, le maraîcher avec lequel je travaille cueille ses salades à 4h du matin et elles sont disponibles dans le magasin à 8h30.

Les magasins et les producteurs locaux sont dans une relation d'entraide et de solidarité. Nous sommes solidaires avec eux quand ils subissent des coups durs et inversement : on se serre tous les coudes.

Les effets de notre proximité sont immédiats : les enseignes de Système U sont les magasins préférés des TPE et des PME pour la collaboration commerciale selon la fédération des entreprises et entrepreneurs de France (FEEF).

La force de nos magasins réside dans le fait que le dirigeant et les collaborateurs vivent sur ce territoire, ils connaissent leur région et leurs clients. Il ne s'agit pas d'un directeur parachuté dans un magasin pour deux ans. Cette liberté, qui fait notre marque de fabrique, n'existe pas dans les circuits intégrés. Chaque direction de magasin est liée à son écosystème local, que ce soient les collectivités territoriales, le monde associatif, les producteurs locaux et les clients. Notre connexion permanente avec le terrain, en contact direct avec les clients, sans passer par une énorme structure, nous permet de traduire concrètement les attentes de toutes nos parties prenantes en actions. Nous n'agissons pas seulement pour nous-mêmes mais au sein de notre écosystème, en bonne intelligence avec toutes nos parties prenantes.

Le premier volet de la responsabilité est l'attention qu'on porte à son écosystème.

C'est dans l'ADN de notre organisation depuis sa création. Notre conscience aigüe des besoins de notre environnement et de nos clients, avec notre vision du commerce de proximité sont les piliers de notre responsabilité.

Les externalités de Système U

Notre politique responsable repose sur cinq axes forts.

- Proposer des produits sûrs, sains et accessibles, surtout à travers notre marque de distributeur. Par exemple, nous avons éliminé une centaine de substances controversées de nos produits.

- Promouvoir la consommation responsable pour tous. Nos démarches visent à limiter la surexploitation des ressources naturelles, réduire nos gaz à effet de serre et nos déchets. Nous accompagnons aussi nos fournisseurs dans le développement des meilleures pratiques.

- Contribuer à la transformation durable du monde agricole, en assurant, par exemple, une juste répartition de la valeur avec les agriculteurs.

- Concourir à la dynamique des territoires en soutenant les entreprises françaises : 80 % des produits U sont des produits intégralement fabriqués en France.

- Accompagner les talents dans toutes les dimensions humaines. Cela passe, entre autres, par le développement de la qualité de vie au travail.

Quels que soient les moyens d'une entreprise, la richesse qu'elle crée et sa puissance, elle peut devenir responsable. Face aux échéances importantes, notamment écologiques, tous nos efforts comptent, chacun à notre hauteur, même les petits gestes.

Une organisation à taille humaine

Notre métier est un des derniers qui proposent encore un ascenseur social très fort. Le plus bel exemple est ce jeune qui est arrivé saisonnier pour un été et qui est devenu, 12 ans après, propriétaire de son propre magasin et administrateur de Système U. Il s'est tellement investi dans son travail qu'il a gravi tous les échelons et acheté le magasin qui l'avait accueilli.

Du fait de notre projet managérial, beaucoup de magasins sont gérés par des familles. L'ambiance familiale est différente des grandes surfaces immenses en mettant le client au cœur du dispositif. Toutes les études montrent que les clients ressentent cette attention particulière qu'on leur porte.

Une coopérative performante

Tous les propriétaires de magasin sont associés de la coopérative qu'ils gèrent ensemble. D'ailleurs, on parle bien d'associés et non d'adhérents pour souligner leur importance dans la construction de notre stratégie. La liberté, l'indépendance et la collaboration sont inscrites dans notre ADN.

L'organisation en coopérative est la forme la plus aboutie du libéralisme économique parce qu'elle en prend le meilleur en limitant les aspects négatifs.

Elle valorise la liberté, l'entrepreneuriat, l'indépendance, l'ascenseur social tout en restant à taille humaine, avec l'appui d'un réseau et une solidarité entre les associés. Aucun actionnaire n'impose de directives déconnectées du réel. Notre stratégie peut alors s'inscrire sur le long terme, sans s'arrêter aux épiphénomènes ponctuels.

La coopérative est aussi un formidable outil démocratique avec le principe « une personne = une voix ». Quel que soit le montant du chiffre d'affaires réalisé par le magasin, son propriétaire a une voix en assemblée générale pour prendre les décisions, y compris élire les dirigeants. Chaque personne compte dans l'organisation, le propriétaire d'un petit U express comme le propriétaire d'un Hyper U.

La coopérative est une forme d'organisation résiliente qui a fait ses preuves sur le marché très concurrentiel de la grande distribution. La robustesse de notre modèle se retrouve dans notre progression : il y a 10 ans, nous étions 7e du marché, maintenant on est 4e ! Dans le format supermarché, les magasins du Système U présentent la meilleure rentabilité du marché, entre 1,5 et 2 % du chiffre d'affaires, ce qui est bien plus élevé que les chiffres de nos concurrents. **C'est la preuve du lien entre la performance économique et l'ancrage local.**

En résumé

La responsabilité d'une entreprise est un chemin. Aucune entreprise ne peut être parfaite. Même les entreprises qui sont créées autour d'un projet durable, dont l'activité favorise les externalités positives ou réduit les externalités négatives, ont toujours de la route à parcourir. Devenir une entreprise plus responsable est un travail de tous les jours. Cela demande une longue transformation qui peut commencer après plusieurs années d'exploitation ou dès la création de l'entreprise. Dans certains cas, cette transformation s'opère d'un seul coup, suite à un rachat, comme pour La Brosserie Française ou Camif quand elle est reprise par Matelsom.

Ce qui est certain, c'est que toutes les entreprises peuvent s'engager sur ce chemin, quels que soient leurs tailles, leurs activités, leurs fonctionnements, leurs statuts juridiques, leurs localisations, etc. Elles questionnent bien en permanence leur rentabilité, alors pourquoi pas leur responsabilité ?

Un état d'esprit

La responsabilité commence par la prise de conscience de l'entreprise qu'elle a un rôle à jouer face aux enjeux environnementaux, sociaux et sociétaux de notre époque. Elle rentre dans une démarche à long terme, intégrée à sa stratégie globale, en engageant toutes ses équipes comme pour sa mission. Les valeurs partagées sont le carburant de ce voyage.

Avec une vision d'ensemble de son écosystème et entourée de ses parties prenantes, elle analyse l'ensemble de la chaîne de création de richesses pour réduire ses externalités négatives et améliorer ses impacts positifs. Ses charges se révèlent des opportunités d'agir positivement et alimentent des ressources potentielles. Toutes les décisions, au quotidien, sont alors orientées dans cette direction. Elle avance petit pas par petit pas parce qu'il vaut mieux faire petit que rien du tout. En effet, les grands bouleversements naissent souvent des petits changements et la création de valeur se niche parfois dans le traitement des détails. L'organisation et le fonctionnement de l'entreprise sont alignés avec sa mission.

Une entreprise peut se faire accompagner dans cette démarche par un cabinet indépendant, par les agences publiques ou par ses pairs, au sein de son réseau d'entreprises, comme le Centre des jeunes dirigeants (CJD) qui travaille sur ces sujets depuis une vingtaine d'années ou le Mouvement des entrepreneurs sociaux (MOUVES). Le collectif #NousSommesDemain, initié par le MOUVES, réunit plus de 400 000 organisations mobilisées autour de ces enjeux. Il a publié en septembre 2020 un « Impact Score » pour mesurer l'impact social et écologique d'une entreprise et formule des propositions concrètes pour l'« économie de demain ».

Les parties prenantes

Une entreprise responsable crée de la richesse avec ses parties prenantes et pour ses parties prenantes. Le respect mutuel, l'intelligence collective et la bienveillance permettent une collaboration profitable à tous.

Dès la conception d'un produit, ses clients sont intégrés au processus pour répondre à un besoin réel. Les biens et les services sont utiles aux consommateurs et créés avec les consommateurs. La responsabilité implique de s'adresser aux clients de façon honnête avec des informations sincères, fiables et vérifiables pour qu'ils puissent effectuer des choix en connaissance de cause. L'entreprise fait preuve de pédagogie pour expliquer ses choix et la meilleure utilisation de ses produits.

Dans l'industrie, le tourisme industriel permet de lier des contacts privilégiés et de créer des communautés engagées autour de la mission de l'entreprise. Pour réduire au maximum les externalités négatives, les entreprises responsables favorisent l'éco-conception et développent la réparabilité de leurs produits.

Les fournisseurs deviennent des partenaires sélectionnés pour leur proximité géographique et leurs engagements similaires, y compris pour les services. L'économie circulaire est encouragée.

Un excellent moyen de faire le point sur ses externalités et tracer une voie possible (voire faire tomber quelques croyances) est de réaliser une analyse du cycle de vie (ACV). Le bilan carbone est une forme d'ACV qui se concentre sur les émissions de CO_2 mais l'ACV peut être étendue à l'ensemble des conditions sociales et environnementales de toutes les étapes d'un produit, de l'extraction de la matière première à la fin de vie du produit.

Les salariés sont pris en considération et écoutés grâce à un dialogue permanent. Une entreprise responsable leur offre un cadre de travail agréable et un management bienveillant qui repose sur la confiance. Quand l'entreprise réussit à mobiliser ses équipes autour d'un projet dans des conditions de travail qui respectent les personnes et leurs vies privées, elle voit son turnover diminuer et ses performances augmenter. Les outils pour matérialiser cette proximité et ce dialogue sont nombreux : formations, réduction de l'écart de salaire entre le plus élevé et le plus faible, inclusion de personnes plus fragiles, suppression de toutes les formes de discrimination, etc. L'avis des salariés est d'autant mieux pris en compte s'ils sont associés au capital et présents dans les organes de gouvernance. L'essentiel est de respecter ses collaborateurs, de reconnaître la qualité de leur travail et de partager avec eux la richesse qu'ils ont créée.

La valeur créée est partagée avec les actionnaires à la juste hauteur de leurs engagements. Ce sont avant tout des partenaires attentivement sélectionnés sur des valeurs communes, qui accompagnent l'entreprise dans son développement sur le long terme, pas seulement des sources de financement qui attendent uniquement une rentabilité financière.

Une entreprise responsable prend enfin en considération les territoires sur lesquels elle s'implante et auxquels elle s'intègre grâce à une implication concrète et un dialogue ouvert avec les collectivités territoriales, les associations locales et les établissements scolaires de la région.

La nature est aussi considérée comme une partie prenante à part entière dont il faut prendre soin. La responsabilité intègre l'apport de la nature et son entretien dans les décisions de l'entreprise.

Une gouvernance diversifiée, participative et paritaire

La coordination de ces différentes parties prenantes dépend du mode de gouvernance choisi par l'entreprise. Il n'y a plus de rapport de force entre les parties prenantes mais une concertation entre elles pour désigner la meilleure stratégie profitable à tous. L'organe de gouvernance d'une entreprise responsable est diversifié : plus les parties prenantes impliquées sont différentes, avec une parité entre les femmes et les hommes, plus la gouvernance est efficace.

La gouvernance est entièrement guidée dans une volonté de transparence, c'est-à-dire dans la diffusion ouverte, complète et compréhensible par tous, d'informations sur tous les sujets de l'entreprise. Elle peut être retranscrite dans un code ou une charte de gouvernance.

Partie 3.

Le financement des entreprises responsables et rentables

Les entreprises responsables réussissent à convaincre de plus en plus d'organismes de financement de la rentabilité de leur modèle économique, notamment à long terme. Depuis plusieurs années, les investisseurs sortent de la seule vision de la rentabilité à court terme avant de miser sur une entreprise. Le poids des informations extra-financières augmente dans leurs décisions.

Les données extra-financières

Les données extra-financières d'une entreprise regroupent l'ensemble de ses pratiques environnementales, sociales et de gouvernance, d'où leur appellation de critères ESG. Les critères environnementaux analysent la gestion des déchets, les émissions de gaz à effet de serre, la gestion des risques environnementaux, etc. Les critères sociaux abordent la prévention des risques psychosociaux, la formation du personnel, le respect des droits des salariés, la qualité du dialogue social, la non-discrimination, etc. Les critères de gouvernance étudient l'indépendance de l'organe de décision, la répartition entre les femmes et les hommes des postes de dirigeants, etc.

Une notation extra-financière permet de juger la performance d'une entreprise en plus de sa performance financière.

Toutes ces pratiques sont consignées dans un bilan extra-financier. C'est l'un des engagements pris par les entreprises qui mettent en place une politique RSE. Cependant, il s'agit surtout d'une liste d'items à déclarer, reposant principalement sur la réduction des externalités négatives. Aucune sanction financière n'attend une entreprise qui ne renseigne pas sa politique de réduction des déchets par exemple, encore moins une entreprise qui n'a aucune politique de réduction des déchets.

Pour une grande entreprise de plus de 500 salariés, cette publication devient une obligation légale si le bilan dépasse 20 millions d'euros ou le chiffre d'affaires 40 millions d'euros pour une entreprise cotée, si le bilan ou le chiffre d'affaires dépasse 100 millions d'euros pour une entreprise non cotée. Depuis 2010 et les lois Grenelle II, ces obligations légales n'ont cessé de se renforcer pour devenir depuis 2017 une déclaration de performance extra-financière (DPEF).

La DPEF valorise la notion de responsabilité en visant les performances économiques de l'entreprise. L'extra-financier devient un outil de pilotage et de transformation stratégique de l'entreprise, et plus seulement une liste d'indicateurs. La DPEF propose une approche par le risque vis-à-vis du modèle d'affaires qui doit être décrit avec les politiques mises en place pour répondre à ces risques. La notion centrale est celle de la matérialité, c'est-à-dire que des éléments vérifiables dans les faits sont attendus. Le modèle d'affaires doit être présenté, à savoir la façon dont l'entreprise crée de la valeur et l'explication de toutes les activités de l'entreprise dans un contexte global et une vision de long terme.

Toutefois, la lisibilité de ces données n'est pas encore assurée. La DPEF est souvent noyée dans un rapport de gestion déjà très dense. Dans certains cas, une simple icône dans la marge manifeste que l'élément écrit est une obligation de la DPEF. Cette information indispensable n'arrive pas sous une forme lisible au grand public, aux clients, aux salariés et à toutes les parties prenantes.

Les fonds à impact

Certains fonds d'investissement ont décidé d'aller plus loin que la seule analyse des données extra-financières et d'étudier les effets sociaux et environnementaux positifs des sociétés dans lesquelles ils investissent, mettant en avant l'utilité de l'entreprise. Ce sont les fonds à impact. Le *Global Impact Investing Network* (GIIN) définit les investissements à impact comme des investissements « réalisés avec l'intention de générer un retour positif, ayant un impact social et environnemental, tout en assurant un rendement positif », ce qui correspond à notre vision des entreprises responsables et rentables. Même si la mesure de cet impact n'est pas encore normalisée, il demande une évaluation continue des externalités de l'entreprise.

Pour mieux saisir les enjeux de ces nouvelles formes de financement, nous avons rencontré Fanny Picard qui a créé le fonds à impact Alter Equity et Eva Sadoun qui a lancé la plateforme de financement participatif LITA.co.

Alter Equity
par Fanny Picard

« *Aujourd'hui, sans aucun doute, la responsabilité accroît la rentabilité des entreprises.* »

Fonction :	fondatrice et présidente
Société :	Alter Equity
Secteur :	*private equity* (capital investissement)
Date de création :	2007
Effectif :	moins de 10
Siège social :	Paris (75)

La mission d'Alter Equity

Alter Equity est le premier investisseur français de *private equity* s'étant fixé depuis 2007 pour objectif de soutenir les entreprises responsables et rentables, utiles à l'intérêt général dans sa double dimension sociale et environnementale. Nous les appelons aujourd'hui « entreprises contributives », au sens où leur impact sur la société est positif, à la fois par leur activité et leurs pratiques de gestion, sans que leurs externalités négatives soient significatives. Nous nous sommes fixé un second objectif : contribuer à démontrer qu'il est possible pour une entreprise et pour un investisseur d'être à la fois rentable et responsable.

Au départ, convaincre les investisseurs n'a pas été facile. Il a fallu plus de sept ans pour lever le premier fonds. Les investisseurs étaient convaincus que si une entreprise se comportait de façon responsable, elle dégraderait sa rentabilité. De ce fait, ils préféraient investir chez nos confrères qui ne recherchaient pas de responsabilité dans leur démarche d'investissement, convaincus que cela préserverait leur rendement financier.

Pourtant, aujourd'hui, sans aucun doute, la responsabilité accroît la rentabilité des entreprises.

Les consommateurs choisissent en priorité les entreprises responsables et leur sont plus fidèles. Ces entreprises responsables sont par ailleurs celles, aujourd'hui, qui attirent les talents, ce qui leur donne durablement une plus grande capacité à innover, à répondre à leur marché, à s'adapter... Ces entreprises diminuent leurs consommations, notamment d'énergie, donc leurs charges. Enfin, elles limitent leurs risques, y compris environnementaux et améliorent ainsi leur valeur.

Le système capitaliste nous semble, en tout cas aujourd'hui, le meilleur pour financer l'innovation et l'industrialisation. Aucun autre système économique n'a prospéré de façon efficace en démocratie. Mais notre capitalisme est allé beaucoup trop loin, dans sa vision à court terme de recherche de profits et sa recherche d'utilité presque uniquement pour les actionnaires.

Aujourd'hui, les positions ont mûri. Les entrepreneurs comme les financiers ont compris qu'une entreprise peut être à la fois responsable et rentable. Mais les discours changent plus vite que les actes et il reste encore un long chemin à parcourir pour répondre aux grands enjeux, notamment environnementaux. Il me semble que 2019 et 2020 forment des années charnières dans cette évolution, au moins en France, avec une certaine prise de conscience de l'urgence climatique. Cependant, tous n'en ont pas encore vraiment tiré les conséquences d'un point de vue opérationnel. Il y aura des conséquences énormes : il faut repenser les modèles vers la sobriété carbone dans les chaînes d'approvisionnement, l'industrie, les transports, l'alimentation, l'agriculture, le digital qui est déjà responsable de 5 % des émissions de gaz à effet de serre, l'urbanisme, le logement et organiser la solidarité face à la complexité d'absorber les transitions.

Un modèle économique rentable sur le long terme

Alter Equity intervient au début de la vie des entreprises. Nous ne recherchons donc pas une rentabilité immédiate mais un modèle rentable. Ce qui nous intéresse, c'est la croissance de l'entreprise et sa valeur future, au moment où nous revendrons nos actions. Certains choix stratégiques coûtent au début parce qu'ils requièrent des investissements, de la R&D et de recruter des équipes, ce qui génère des pertes dans les premières années, avant que ces entreprises ne deviennent rentables. Nous considérons que l'intérêt de l'entreprise, et de ses actionnaires, doit s'appréhender dans la durée. En parallèle, nous défendons qu'il relève à la fois de la responsabilité et de l'intérêt de l'entreprise de servir l'intérêt des êtres humains et de la planète ; donc concrètement de ses salariés, ses clients, ses fournisseurs, ses territoires d'implantation, la nature, etc.

Les entreprises familiales nous montrent le chemin. Elles partagent de nombreux points communs avec les entreprises responsables. En premier lieu, elles s'inscrivent dans le long terme. Elles sont la plupart du temps conscientes de leur impact sur leur territoire d'implantation, plus respectueuses de leurs salariés, de leurs consommateurs, de leurs fournisseurs, de la nature que les entreprises non contrôlées. Les entreprises familiales cotées en Bourse forment un bon parallèle avec les entreprises responsables. Leur parcours est intéressant : sur une période moyenne, elles surperforment le marché. Quand celui-ci s'effondre, le cours des entreprises familiales baisse moins. Ainsi, elles contredisent la théorie financière puisqu'elles sont à la fois plus rentables et moins risquées que le marché alors qu'on considère en principe qu'il est nécessaire d'accepter plus de risque pour générer plus de rendement.

Les critères d'une entreprise responsable

Pour Alter Equity, une entreprise est responsable si son activité est utile à la société, tout en entraînant le moins d'externalités négatives possibles, et en adoptant des pratiques de gestion respectueuses vis-à-vis de ses parties prenantes.

1. Une activité la plus utile possible

Nous investissons dans des entreprises dont les produits ou services aident à répondre aux principaux enjeux sociaux et environnementaux contemporains, dans les métiers de l'éducation, la culture, la santé et le bien-être, l'intégration dans la société et l'accès à l'emploi, l'alimentation durable, la finance durable, etc. En matière environnementale, ce sont des activités qui répondent à l'épuisement de la biodiversité et des ressources, à la qualité de l'eau, de l'air, des sols et des sous-sols, les produits bio, et bien sûr les métiers de la transition énergétique, de la mobilité douce, des logements et de l'urbanisme durables, etc. Ces activités recoupent les objectifs de développement durable (ODD).

Cela semble fou aujourd'hui, mais chez Alter Equity, dès 2007, nous avons été le premier fonds de capital investissement à nous intéresser à l'environnemental et au social. À l'époque, il y avait d'une part des fonds dits *cleantech*, intervenant dans le domaine de l'efficacité énergétique, et des fonds sociaux, souvent dans l'économie sociale et solidaire (ESS). Mais aucun fonds ne s'intéressait en parallèle aux deux domaines en France.

2. Limiter les externalités négatives

Toutes les entreprises doivent limiter leurs externalités négatives, c'est-à-dire leurs conséquences néfastes sur la société, en commençant par les émissions de CO_2 et de gaz à effet de serre, l'empreinte au sol qui limite la biodiversité, etc. Nous appliquons une approche systématique et rigoureuse à cet égard. Par exemple, il semble attractif d'avoir un potager d'intérieur pour faire pousser des herbes et des légumes même lorsque l'on habite dans un appartement. Une analyse sérieuse du cycle de vie du produit montre que, si les pots sont en plastique et fabriqués en Chine, il vaut mieux continuer à acheter ses produits chez des fournisseurs locaux. Cela peut paraître plus écologique d'avoir un potager intérieur pour éviter les transports et les intrants, mais c'est oublier que le pot est fabriqué très loin, à base de pétrole. Nous avons donc par exemple préféré ne pas investir dans une entreprise de ce secteur.

3. Les pratiques de gestion responsables

Si une entreprise place l'intérêt du salarié au cœur de sa stratégie, le salarié est plus heureux, plus fier, plus motivé et ainsi plus productif. C'est bénéfique pour ce salarié comme pour son employeur. Les entreprises dans lesquelles nous investissons doivent donc veiller aux conditions de travail et au bien-être de leurs salariés, y compris avec des rémunérations justes. Elles doivent aussi être responsables vis-à-vis de leurs autres parties prenantes. Par exemple, payer leurs fournisseurs dans des délais décents, leurs impôts sur leurs territoires d'implantation, etc. Enfin, nous veillons à respecter l'intérêt dans la durée de l'entreprise elle-même, en la laissant procéder aux investissements utiles et en limitant le paiement de dividendes pour maintenir dans l'entreprise les moyens financiers de son développement.

Nous avons surtout été le premier fonds en France demandant aux entreprises dans lesquelles nous investissons de s'engager à mettre en œuvre un plan d'action en termes de responsabilité sociale et environnementale, que nous appelons « Business Plan Extra-Financier ». Avec notre deuxième fonds, dont la levée d'un montant de 110 millions d'euros a été clôturée début 2020, nous avons demandé à toutes nos participations de procéder à un bilan carbone, d'associer tous leurs salariés au capital, et, comme c'était déjà le cas avec notre premier fonds, de conditionner la partie variable de la rémunération des dirigeants aux résultats RSE, correspondant au « Business Plan Extra-Financier ».

Les entreprises soutenues

Nous gérons en 2020 un peu plus de 150 millions d'euros via nos deux fonds, ce qui nous place aux premiers rangs des fonds à impact français en termes de taille. En principe, nous investissons dans des entreprises françaises et européennes, dont le chiffre d'affaires dépasse 800 000 euros. Nous avons aujourd'hui 12 entreprises en portefeuille :

- Gojob, pionnier français de l'intérim digital, dans laquelle nous avons investi à parité avec la Banque des Territoires ;
- Kipli, producteur de matelas en latex 100 % naturel et bio ;
- Les Ripeurs, collecteur de déchets, notamment du BTP ;
- Ilek, fournisseur d'énergie 100 % renouvelable ;
- Wild Code School, formation diplômante pour adultes en développement web et autres métiers du digital ;
- Open Airlines, logiciel d'éco-pilotage des avions ;
- Magic Makers, ateliers pédagogiques pour apprendre le code et le digital aux enfants ;
- Behring, fontaines à eau connectées au réseau évitant la présence de bactéries, ce qui permet de les installer dans les hôpitaux et maisons de retraite ;
- Sports Études Academy, scolarité aménagée des sportifs de haut niveau pour leur permettre de poursuivre leur cursus académique sans renoncer à leur passion ;
- Nino Robotics, solutions de mobilité design et innovantes pour personnes à mobilité réduite ;

- Ned Énergie, distributeur de solutions d'énergie renouvelable à destination des particuliers, notamment de panneaux photovoltaïques ;
- Green Creative, solutions de traitement et de valorisation de biodéchets ;
- Eficia, pilotage intelligent à distance de l'efficacité énergétique des bâtiments, économisant 15 à 20 % de l'énergie consommée dans les bâtiments.

Les résultats financiers et d'impact

En moyenne, à fin 2019, les entreprises de notre premier fonds avaient enregistré une croissance annuelle de leur chiffre d'affaires de 38 % depuis notre investissement. Les entreprises de notre deuxième fonds prévoient une croissance de plus de 100 % pour 2020 malgré la crise sanitaire. Ces chiffres illustrent, comme nous le souhaitions, la possibilité de combiner responsabilité et rendement.

En termes de résultats d'impact, l'émission de 1,6 million de tonnes de CO_2 a été évitée grâce à l'activité des participations de notre premier fonds depuis notre investissement. C'est colossal puisque la France émet par an environ 450 millions de tonnes de CO_2. Par ailleurs, nous sommes fiers qu'un tiers des participations de notre premier fonds soient dirigées par des femmes, ce qui constitue également un record en France.

Enfin, nous sommes à notre connaissance la première société de gestion s'engageant (depuis notre deuxième fonds) à verser 1 % de son chiffre d'affaires à des causes philanthropiques liées à notre philosophie d'investissement.

LITA.co
par Eva Sadoun

« La véritable résilience vient du lien entre la valeur et l'utilité d'une entreprise. »

Fonction :	co-fondatrice et présidente
Société :	LITA.co
Secteur :	financement
Date de création :	2014
Effectif :	entre 10 et 50
Siège social :	Paris (75)

La mission de LITA.co

La mission de LITA est de redonner aux citoyens le pouvoir sur l'impact de leur épargne, afin d'encourager l'émergence d'une économie plus durable et plus inclusive. Ainsi, notre plateforme d'investissement responsable permet aux particuliers (et aux investisseurs professionnels) d'orienter leur épargne vers des projets de l'économie réelle, inclusifs, respectueux de l'environnement et créateurs d'emplois durables, partout sur le territoire.

Cette mission est née d'un double constat. D'une part, la financiarisation de nos économies a créé une déconnexion entre les marchés financiers et l'économie réelle, faisant de la finance un outil au service de la spéculation et non plus de la création de valeur, qui est pourtant sa mission première.

D'autre part, les marchés financiers sont d'une opacité telle qu'ils en deviennent, dans l'indifférence générale, une cause majeure du réchauffement climatique. Car non seulement l'information financière est quasiment impossible à trouver mais lorsqu'elle est disponible, elle devient bien souvent impossible à déchiffrer pour tout un chacun. Dans ce contexte, les acteurs financiers et les banques financent les énergies fossiles ou encore l'industrie lourde, amplifiant les problèmes climatiques... Et ces problèmes s'alimentent mutuellement !

La mission de LITA est donc de financer l'économie réelle, celle qui s'engage pour la transition écologique et sociale, en essayant de transformer la finance.

Le pouvoir de l'épargne des Français, qui s'élève à 5 000 milliards d'euros, est énorme. L'impact est là !

Nous endossons aussi un rôle de communication qui vulgarise la finance, avec beaucoup de pédagogie. Apprendre à lire un bilan prévisionnel, comprendre un bilan extra-financier, appréhender les produits financiers utilisés comme les actions et les obligations, etc. Nous reconnectons les citoyens à la finance dans un souci de transparence exemplaire. Cela passe déjà par une gestion en ligne transparente du portefeuille, ce qui attire les néophytes. Nous leur apprenons aussi à faire le choix du long terme parce que nous n'avons pas les mêmes attentes quand nous investissons à dix ans qu'à trois ans.

Financer des entreprises responsables

Nous démontrons qu'une entreprise d'intérêt général qui allie une consommation et une production responsables peut également avoir une résilience économique. **La véritable résilience vient du lien entre la valeur et l'utilité d'une entreprise.** Les données extra-financières doivent prendre le pas sur les critères purement financiers.

LITA accompagne tous les acteurs d'une finance plus durable :

- les acteurs historiques de l'entrepreneuriat social et solidaire (coopératives, entreprises qui emploient au moins 55 % de personnes en situation de handicap, entreprises d'insertion, associations),

- les nouveaux acteurs de la « tech for good » qui portent des innovations en lien avec les objectifs de développement durable de l'ONU,

- les TPE et PME en transition.

Nous avons déjà financé plus de 120 acteurs économiques (entreprises, coopératives et associations) responsables, dont 85 en France, le reste en Italie et en Belgique.

L'évaluation de l'impact

Une entreprise peut obtenir un impact positif de deux façons différentes. Elle peut mettre sur le marché un bien ou un service pour une population en situation de vulnérabilité, de précarité ou d'exclusion ou elle peut proposer un produit à l'ensemble de la population pour prévenir des difficultés à venir.

L'entreprise doit apporter un changement, une réponse durable à un problème systémique et avoir une mission sociale ou environnementale forte, c'est-à-dire avec plus de 60 % de son chiffre d'affaires directement corrélés à cette mission.

La notion d'impact est complexe et prend en compte plusieurs réalités : l'impact social, l'impact environnemental, le partage des richesses et le partage du pouvoir.

Une entreprise à impact limite ses externalités négatives, notamment environnementales, crée de la valeur pour toute la chaîne, partage ses richesses et adopte une gouvernance équilibrée.

Le partage des richesses et la gouvernance sont deux notions clés pour appréhender le modèle économique d'une entreprise. Elles sont au cœur des réflexions sur les nouveaux modèles capitalistes parce qu'elles permettent aux entreprises de se transformer en profondeur et de prendre leurs responsabilités dans la transition sociale et écologique en cours.

Ces différents aspects font aussi écho à l'intentionnalité et à la vision de l'équipe dirigeante. Les entreprises responsables sont dirigées par une équipe qui incarne et défend ces valeurs. En fait, ce sont souvent des activistes qui portent un combat de transformation.

Notre équipe d'analystes sélectionne les dossiers après une revue complète du projet et de la stratégie de l'entreprise. Pour l'impact, nous raisonnons toujours en net : un impact positif ne doit pas être anéanti par une chaîne de valeur négative. Par exemple, si un produit « tech » répond à un besoin des personnes malvoyantes, il doit aussi faire attention au stockage de ses données, à la consommation d'énergie de ses serveurs, etc. Nous passons beaucoup de temps avec les dirigeants d'une organisation pour estimer leur rôle moteur dans le changement et leurs choix au quotidien. C'est souvent la clé pour catégoriser un dossier comme ayant un impact ou non.

L'évaluation d'impact est souvent qualitative : nous évaluons par exemple dans quelle mesure un service a pu autonomiser une catégorie de population, quel impact cognitif il a dans le quotidien de ces personnes, etc. Nous nous engageons également à suivre des données quantitatives, souvent corrélées au modèle économique du projet : sur les bénéficiaires directs ou sur les données énergétiques comme la consommation en eau économisée ou les émissions de CO_2 économisées. La création et la pérennisation d'emplois durables est bien sûr un point d'attention important. Enfin, pour les projets à fort impact social, d'envergure plus large, nous raisonnons souvent en coûts évités pour l'État.

Si nous retenons le dossier, il est soumis au Comité d'investissement indépendant externe qui valide les risques et les conditions d'investissement avant de partir sur la plateforme pour un financement de 100 000 à 8 millions d'euros par structure.

Des produits financiers sur mesure

LITA.co n'est pas un fonds d'investissement, nous ne sommes donc pas soumis à un objectif de rendement mutualisé sur l'ensemble du portefeuille. Nous raisonnons projet par projet et nous pouvons personnaliser tous nos produits à chaque structure.

Ce qui compte est de qualifier le mieux possible les risques et les opportunités d'un projet pour les communiquer de façon transparente avec beaucoup de pédagogie.

Les investisseurs bénéficient d'une réduction de leur impôt sur le revenu pour une grande partie des investissements au capital des entreprises pour les inciter à investir dans l'économie réelle et pour récompenser leur risque.

Depuis deux ans, nous proposons des produits obligataires, dont certains ont des primes d'impact. Avec l'organisation, nous nous accordons sur un indicateur d'impact concret. Si cet indicateur n'est pas atteint, la structure doit payer une majoration d'intérêt, comme pour indemniser l'investisseur de ne pas avoir rempli le contrat d'impact.

Partie 4.

La comptabilité des entreprises responsables et rentables

Au-delà du financement, la responsabilité des entreprises demande une nouvelle façon de comptabiliser les actions de ces entreprises. De nouvelles méthodes de comptabilité commencent à se développer. Elles s'appuient sur la monétarisation des externalités qui améliore la lisibilité de toutes les données extra-financières.

La monétarisation des externalités

La monétarisation permet d'exprimer des externalités négatives et positives sur une même échelle connue et compréhensible par tout le monde : la valeur monétaire. Donner une valeur monétaire ne signifie pas donner un prix de marché. D'un point de vue éthique, il n'est pas acceptable de proposer un prix de marché à des éléments sociaux ou environnementaux puisque cela reviendrait à supposer l'existence d'un marché du vivant. La monétarisation permet donc d'exprimer n'importe quelle valeur en termes monétaires sans supposer un marché pour ce qui est vivant. Elle n'aboutit pas à un prix marchand, pas même à un prix quasimarchand. La monnaie est utilisée dans ce cadre uniquement comme unité de compte.

L'enjeu de la monétarisation est de donner à réfléchir et d'infléchir la stratégie des entreprises. Son rôle est de rendre visible, objectif, transparent et surtout lisible ce qui est trop souvent invisible. Évaluer en euros ce que rapporte un service rendu par la nature fait prendre conscience de sa valeur pour une entreprise. Elle s'aperçoit alors que le coût de l'inaction peut être plus élevé que le coût d'une action responsable.

Un exemple concret permet de mieux saisir le principe : prenons le cas d'un papetier. La papeterie est une activité très odorante. Son externalité négative est l'odeur qu'elle répand autour de son usine. Rien n'oblige le dirigeant de la papeterie à investir dans une technologie pour réduire les nuisances olfactives. Il respecte déjà toutes les normes et toutes les lois en vigueur. Une forme de monétarisation peut être la perte de valeur du terrain constructible autour de l'usine. Cette monétarisation doit être établie en partenariat avec toutes les parties prenantes, y compris la collectivité locale. Cette analyse, basée sur des données scientifiques, incitera l'entreprise et la collectivité à s'accorder sur une aide au financement d'une nouvelle technologie pour réduire les odeurs. Au final, l'entreprise améliore son engagement responsable, son image et l'image du territoire qu'elle occupe. Elle pourrait même avoir un nouveau voisin avec qui développer des synergies.

Toutes les externalités peuvent être monétarisées, externalités positives comme externalités négatives.

Les techniques de monétarisation sur les plans sociaux et environnementaux sont en cours de développement, dont :

- Les coûts évités. Ce sont les coûts que toute la société subirait si l'élément évalué n'était pas en place. Par exemple, pour évaluer la valeur d'un service d'insertion professionnelle, on peut utiliser le montant des indemnisations chômage qui auraient été versées si ce service n'existait pas et que les personnes étaient restées au chômage.

- Les coûts de remplacement, si une solution technique de remplacement existe. Par exemple, on peut utiliser le coût d'une station d'épuration pour évaluer la valeur des principes de phytoépuration offerts par la nature.

- Les coûts de renouvellement ou de restauration. Ce sont les coûts à engager pour restaurer un élément à un niveau vivable. Par exemple, les coûts de restauration d'un sol qui s'est épuisé.

- Le consentement à payer. Il s'agit de demander à un échantillon représentatif de personnes le montant qu'elles seraient prêtes à débourser pour éviter la dégradation d'un élément de l'environnement naturel. Par exemple, une enquête détermine que les riverains d'un littoral seraient prêts à payer x euros par mois pour que ce littoral soit préservé.

La monétarisation reste un outil complexe, à manier avec précaution. Elle doit s'accompagner d'un guide d'usage qui en détaille les hypothèses, les champs déterminés et les méthodologies utilisées.

La comptabilité responsable

La comptabilité est constituée d'un ensemble de normes rigides encadrées par des règles internationales IFRS (*International Financial Reporting Standards*) ou françaises. Le rôle de la comptabilité est d'informer les parties prenantes sur la santé financière d'une entreprise et de calculer son imposition. Dans le modèle économique développé depuis la seconde guerre mondiale, la comptabilité remplit parfaitement ce double objectif en ne prenant en compte qu'une dimension financière. Elle permet d'évaluer la santé financière d'une entreprise mais pas la santé physique et morale de ses salariés, ni la santé de son environnement naturel.

Maintenant que les entreprises ont d'autres aspirations que seulement augmenter leur profit, il est temps d'adapter les normes de comptabilité à ces enjeux de responsabilité. Une entreprise qui dégage un profit important en détruisant la planète ou les relations sociales, ne peut plus être considérée comme une réussite. La transformation des entreprises passe également par une transformation des normes comptables.

Un nouveau modèle économique a besoin d'un nouveau mode de comptabilité. Enrichir la comptabilité d'éléments environnementaux et sociaux permet de donner une estimation des externalités positives et négatives engendrées par l'activité d'une entreprise.

Ces nouvelles interrogations se sont accélérées depuis l'entrée en vigueur de la loi PACTE qui accorde aux experts comptables des « travaux d'ordre environnemental ». Cela ouvre la porte à un élargissement de leurs compétences aux enjeux du développement durable, sortant ainsi de la stricte partie financière.

La comptabilité n'est pas une technique neutre, c'est un système de choix subjectifs. Les méthodes de prises en compte des éléments environnementaux et sociaux dans la comptabilité se multiplient. Nous vous proposons un éclairage sur deux exemples de nouvelles formes de comptabilité : la Comptabilité Universelle du cabinet de Saint Front et le modèle CARE expliqué par Hervé Gbego.

La Comptabilité Universelle® par Pauline de Saint Front

« *La Comptabilité Universelle peut évaluer toutes les formes d'externalités des entreprises.* »

Fonction :	présidente
Société :	Cabinet de Saint Front
Secteur :	comptabilité
Siège social :	Toulouse (31)

L'histoire de la Comptabilité Universelle®

Depuis 2007, le cabinet de Saint Front, construit une nouvelle forme de comptabilité au service de la transformation des entreprises : la Comptabilité Universelle.

L'histoire commence il y a une dizaine d'années avec McDonald's France qui souhaitait tester un nouveau modèle de comptabilité. Ils se sont réunis avec toutes leurs parties prenantes par thème : nutrition, social, environnement, etc. pour définir le périmètre de l'étude et les enjeux importants.

Le cabinet de Saint Front a alors proposé des modalités de monétarisation à partir de données récoltées sur plusieurs années. Sur la base du plan comptable général existant, nous avons créé de nouvelles classes pour comptabiliser les éléments retenus. De nouvelles entrées sont alors créées dans les logiciels de comptabilité pour aboutir à une publication des états chiffrés. Cela a abouti à une nouvelle forme de compte de résultat et de bilan.

Ce fut ensuite au tour de la Mutualité Sociale Agricole (MSA) de valoriser ses externalités positives sur le terrain comme la prévention santé des séniors, l'animation d'un canton rural, la prévention du suicide chez les agriculteurs, etc. Pour chacune de ces actions, le cabinet a rencontré les parties prenantes afin de déterminer les enjeux à évaluer et le périmètre. C'est d'ailleurs sa conception avec les parties prenantes qui fait la force de ce modèle de comptabilité.

Avec la MSA, nous avons encore affiné notre modèle en séparant les éléments valorisés par catégories de robustesse : ce qui est certain, ce qui est estimé et ce qui est pour réflexion. Nous avons également réussi à identifier pour qui est créée la valeur et à fournir un compte de résultat par partie prenante.

La Comptabilité Universelle présente l'avantage de s'adapter à chaque entreprise en fonction de ses besoins et de ses parties prenantes pour donner de la matière à leurs réflexions.

Les méthodes de la Comptabilité Universelle

La Comptabilité Universelle prend en considération quatre domaines : la gouvernance, le domaine social, le domaine sociétal et le domaine environnemental. Cette séparation en domaines oblige à regarder la réalité pour chaque domaine sans compensation entre eux. L'entreprise peut alors élaborer une stratégie spécifique à chaque domaine. Pour chaque domaine, les parties prenantes décident des enjeux importants et des externalités les plus marquantes, positives ou négatives, à prendre en compte. Puis, nous nous appuyons sur les données scientifiques de chaque domaine pour monétariser ces externalités.

La Comptabilité Universelle peut évaluer toutes les formes d'externalités des entreprises.

Voici quelques exemples d'externalités et de la monétarisation qui aident à mieux comprendre l'enjeu de cette forme de comptabilité.

- Dans le domaine de la gouvernance, un plan de formation pour l'ensemble des membres gouvernants aux enjeux du développement durable, crée une externalité positive dont la valeur est représentée par le coût de cette formation.

- Dans le domaine social, l'absentéisme crée une externalité négative qui est évaluée par son coût global (coût du remplacement de la personne absente, coût de la formation nécessaire pour le remplacement, baisse de la productivité induite par ce remplacement, etc.). On compare la situation due à l'absentéisme avec la situation dans laquelle il n'y aurait pas eu cette absence.

- Dans le domaine sociétal, le fait de choisir des fournisseurs locaux a des répercussions sur la richesse créée localement. Chaque emploi créé se valorise avec la valeur ajoutée qu'il apporte.

- Dans le domaine environnemental, les émissions de gaz à effet de serre sont des externalités négatives qu'il est possible de monétariser en choisissant un montant pour chaque tonne de gaz à effet de serre émis. Autre exemple : les déchets sont comptabilisés négativement s'ils ne sont pas valorisés et positivement s'ils sont valorisés.

Cela aboutit à un compte de résultat particulier qui comptabilise l'augmentation des externalités négatives et la diminution des externalités positives comme des charges. Inversement, toute diminution des externalités négatives et augmentation des externalités positives est un produit. Le résultat qui est ainsi calculé vient compléter l'information du seul résultat financier. La Comptabilité Universelle présente aussi un bilan. Dans ce cas, un bilan d'ouverture présente pour chaque domaine un inventaire des externalités choisies, ce qui constitue le point de départ des actions souhaitables. Le bilan de clôture inscrit l'état de chacune de ces externalités au terme de l'exercice écoulé.

La Comptabilité Universelle doit pousser à agir et ne doit pas être focalisée uniquement sur les chiffres. Il ne faut pas donner l'illusion que l'extra financier doit rejoindre le financier dans la précision et la maîtrise des chiffres.

Aucune compensation n'est possible entre le financier et l'extra-financier, ni même entre les domaines de l'extra-financier, ce qui est important c'est d'être bon et d'agir sur tous les domaines.

Le Modèle CARE
par Hervé Gbego

« *Une entreprise ne peut être rentable, dégageant un profit positif, que si elle a réussi à préserver toutes les formes de capital.* »

Fonction :	expert-comptable et commissaire aux comptes
Société :	Compta Durable (Groupe SFC)
Secteur :	comptabilité
Siège social :	Lyon (69)

Un système à développer

Le système comptable CARE (*Comprehensive Accounting in Respect of Ecology* ou Comptabilité Adaptée au Renouvellement de l'Environnement) a été développé par Jacques Richard et Alexandre Rambaud. Il invite les entreprises à s'interroger sur leurs responsabilités, responsabilités qu'elles partagent avec tous les acteurs de leurs écosystèmes.

Le principal reproche adressé à CARE est que c'est « trop flou » comme si tous les systèmes comptables et financiers étaient des sciences exactes. Bien souvent, il suffit de trouver un consensus, de définir des hypothèses pour avancer. Même les normes IFRS utilisent des concepts truffés d'hypothèses et d'approximations. Il en est de même pour la finance. Dans *Le cygne noir, La puissance de l'imprévisible*, l'ex-trader et statisticien Nassim Nicholas Taleb explique très bien que le *trading* haute fréquence repose sur des hypothèses qui n'ont rien de rationnel. Tout ce qui est dans les comptes d'une société est exposé comme une vérité, mais c'est oublier trop vite les consensus, les hypothèses et les estimations sur lesquels ils reposent.

Sur le climat par exemple, un consensus international très fort est adopté de la part des scientifiques. Seulement les comptables préfèrent que les éléments environnementaux restent des données extra-financières, sans monétarisation. Mais tout dépend du mode de monétarisation choisi. Une entreprise ne peut pas être pilotée à partir du pavé d'informations que sont les données extra-financières. Si par exemple une entreprise déclare qu'elle a réussi à baisser ses émissions de CO_2 de x %, il faut comprendre les conséquences économiques de cette baisse, combien cela lui a coûté et quel résultat elle en a tiré en termes de durabilité. Mais pour cela, il faut sortir de la logique des normes IFRS.

La logique des normes IFRS

Dans la logique des normes IFRS, la valorisation d'un élément mesure la capacité de cet élément à créer ou à détruire de la valeur pour une entreprise. Pour évaluer un actif au bilan par exemple, on évalue sa capacité à créer de la trésorerie future. Tout tourne autour de la création, ou de la destruction de valeur (actionnariale). Évidemment, on ne peut pas appliquer cette logique pour un élément vivant. Si on considère un arbre ou un salarié uniquement comme un élément qui crée ou pas de la valeur, la monétarisation dans ce cas est inapplicable voire dangereuse. Tout est vu sous l'angle du risque, le risque d'influencer positivement ou négativement la valeur économique de l'entreprise. Un salarié malade génère certes un risque financier pour l'entreprise mais d'abord un risque intrinsèque au salarié lui-même en dehors de toute considération pécuniaire.

La monétarisation ne peut pas se concevoir sous un angle de création ou de destruction de valeur financière. En fait, on oublie souvent que la comptabilité a toujours fonctionné avec deux standards : la juste valeur, utilisée par les normes IFRS et les coûts historiques, utilisés par CARE.

CARE compte ce qui est capital

Tout dépend alors de la notion de capital de l'entreprise. Pour les normes IFRS, le capital est un réceptacle de valeur créée, une agrégation de valeur. La vision CARE revient à la vision patrimoniale. Quand une société est créée, le capital financier est une dette de l'entreprise vis-à-vis des apporteurs de ce capital. Les actionnaires mettent un capital à la disposition de l'entreprise. L'entreprise utilise ce capital pour produire des biens et des services qui vont générer des ressources, le chiffre d'affaires. Si l'entreprise s'arrête, elle doit restituer ce capital. Tout est alors fait en comptabilité pour ne jamais dégrader ce capital.

CARE étend cette vision de préservation du capital. L'entreprise n'exploite pas seulement du capital financier, elle utilise aussi d'autres formes de capitaux dont le capital naturel et le capital humain. **Si l'entreprise dégrade un capital, elle doit le restituer avant de pouvoir distribuer des dividendes.**

Ce n'est plus une comptabilité en trésorerie future mais une comptabilité en coût de préservation, préservation des trois formes principales de capital : le capital financier, le capital humain et le capital naturel.

Une entreprise doit protéger son capital financier, tout autant que son capital naturel et son capital humain. Le capital naturel est composé des ressources naturelles et des écosystèmes. Le capital humain correspond par exemple à l'employabilité, à la santé physique et mentale, etc. Une entreprise doit alors séparer la gestion de ces trois formes de capitaux. Il ne peut pas y avoir de compensation entre les différentes formes de capital.

Dans un bilan CARE, l'inscription au bilan n'est plus la représentation d'un droit de propriété mais un engagement à conserver son état. Dans le compte de résultat CARE, le bénéfice devient un surplus au-delà du maintien des niveaux des trois formes de capital dans une approche de performance globale.

Un exemple concret

Pour comprendre la logique de CARE, prenons un exemple bien courant, puisqu'il représente plus de 70 % des émissions de gaz à effet de serre : le gaz carbonique.

- 1re étape : constater la dégradation. Nous évaluons le niveau d'émissions de CO_2 de cette entreprise. Imaginons que cette entreprise émette 150 tonnes de CO_2 la première année.

- 2e étape : comparer avec les données scientifiques. Les scientifiques expliquent que pour ce secteur d'activité, cette taille d'entreprise et ce secteur géographique, les émissions de CO_2 qui sont acceptables par rapport à la capacité d'absorption de la nature, donc la limite à ne pas dépasser, sont de 100 tonnes par an. (En France, l'ADEME donne quelques indications dans ces domaines.)

- 3e étape : comptabiliser cette dégradation. L'entreprise a donc émis 50 tonnes de CO_2 supplémentaires par rapport à ce que la nature peut absorber. Elle a une dette de 50 tonnes de CO_2 vis-à-vis de la nature. Si on considère que le coût moyen pour réparer ce dommage est de 1 000 euros la tonne, son capital naturel, c'est-à-dire sa dette vis-à-vis de la nature, est de 50 000 euros. Le bilan de l'entreprise indique 50 000 euros de capital naturel.

L'année suivante, si l'entreprise a réussi à émettre 100 tonnes de CO_2, mais qu'elle n'a pas agi pour compenser son dommage, son capital naturel reste de 50 000 euros. Il n'augmente pas puisqu'elle n'a pas dépassé les recommandations des scientifiques et il ne diminue pas parce qu'elle n'a pas mis en place d'actions de réparation. Si elle réussit à émettre moins de CO_2 que le niveau absorbable par la nature, 60 tonnes de CO_2 par exemple, cela ne diminue en rien sa dette de la première année. Le carbone a bien été émis, il est toujours dans l'atmosphère ! Son capital naturel reste à 50 000 euros.

La seule solution pour faire diminuer le montant du capital naturel est de mettre en place des actions de réparation. Mais attention, si l'entreprise choisit de planter des arbres, la réparation ne pourra être enregistrée qu'à partir du moment où ces arbres seront assez matures pour absorber ces 50 tonnes de CO_2 supplémentaires, ce qui peut prendre quelques années.

Dans le compte de résultat, CARE met en valeur comment les nouvelles ressources de l'entreprise, c'est-à-dire son chiffre d'affaires, sont utilisées pour servir les capitaux. Le chiffre d'affaires doit nourrir le capital humain et le capital naturel tout autant que le capital financier.

Les 50 000 euros de dettes vis-à-vis de la nature signifient que l'exploitation a consommé plus qu'il n'est acceptable. Dans notre vision CARE, cela correspond à une charge d'exploitation qui vient diminuer d'autant le bénéfice dans le compte de résultat. Si l'entreprise réalise une opération de réparation de 30 000 euros, cette dépense est une charge de préservation ainsi qu'un produit de restauration qui vient diminuer d'autant le capital naturel au bilan.

Dans le compte de résultat, les actions d'évitement (mises en place de bonnes pratiques pour diminuer les externalités négatives), sont dissociées des actions de réparation et de restauration du capital.

Une entreprise ne peut être rentable, dégageant un profit positif, que si elle a réussi à préserver toutes les formes de capital.

Il faut alors déterminer le profit qui ne dégrade ni le capital financier, ni le capital humain, ni le capital naturel. CARE oblige les entreprises à regarder les racines et les causes profondes des problèmes pour qu'elles mettent en place des budgets permettant de résoudre ces problèmes.

Conclusion

Devenir une entreprise responsable et rentable est une nécessité pour perdurer. Les entretiens de ce livre donnent un échantillon représentatif d'entreprises qui se transforment dans tous les secteurs, dans tous les types d'entreprises, dans toutes les tailles d'entreprises. Elles font partie des entreprises pionnières qui ouvrent la voie et démontrent que c'est possible.

Une entreprise dont l'activité principale crée des externalités positives pour l'ensemble de la société peut être rentable. Une entreprise qui fait attention à réduire ses externalités négatives peut être rentable. Une entreprise qui voit plus loin que son seul profit à court terme et qui prend garde à ses actions sur l'ensemble de ses parties prenantes peut être rentable. La responsabilité améliore même la rentabilité.

Ce nouveau modèle d'entreprises responsables et rentables est amené à se développer dans les prochaines années parce que ces entreprises sont plus résilientes. Face à une crise, une entreprise responsable a créé un tissu de collaborations assez solides pour tenir bon. Ses collaborateurs sont assez engagés pour la suivre, elle attire et retient les meilleurs talents en leur offrant une vision et une opportunité de suivre un but plus grand. Ses clients sont fidèles car ils savent comment est utilisé chaque euro qu'ils dépensent. Sa rentabilité perdure avec son utilité. Les investisseurs sont maintenant prêts à accompagner ce nouveau type d'entreprise dont la rentabilité à long terme est assurée.

Ce changement de paradigme est en train de s'opérer en ce début de siècle mais il reste encore du chemin à parcourir pour qu'une entreprise responsable devienne la norme. Cela demande un effort de toutes les forces productives. Chaque entreprise, à son niveau, peut faire sa part. Chaque entrepreneur peut analyser le cycle de vie de ses activités pour connaître l'état de ses externalités et voir les possibilités qui s'offrent à lui : réduire son empreinte sur l'environnement, choisir un fournisseur soucieux de la santé et du bien-être de ses salariés, faire des économies sur ses achats, etc. Chaque manager peut améliorer les conditions de travail de ses collaborateurs et leur demander ce dont ils ont besoin pour évoluer.

De même, chaque consommateur peut s'interroger sur ses habitudes d'achat. Il peut, à budget constant, réduire son volume de consommation avec des produits de meilleure qualité, fabriqués dans de meilleures conditions sociales, qui ont le moins de conséquences négatives sur l'environnement, voire qui créent des externalités positives. Lui aussi doit aller plus loin que son achat à court terme et se demander comment il s'y retrouve à long terme avec des produits plus résistants, plus durables, qui se réutilisent, s'échangent, se réparent et se recyclent.

Pour accompagner ce mouvement, il est indispensable de développer la pédagogie et l'éducation. Les consommateurs doivent avoir accès aux informations sur les conditions sociales de production de leurs achats, sur leurs conséquences environnementales. Ils ont besoin d'informations claires, fiables, lisibles, tangibles et basées sur des preuves scientifiques. Il faut leur donner les moyens de se protéger contre le *greenwashing* et maintenant le *socialwashing* dont usent encore trop de sociétés, pour qu'ils puissent consommer autrement et favoriser les entreprises qui leur ressemblent.

Une monétarisation de toutes les externalités permet une meilleure lecture de ces informations. Certaines entreprises l'utilisent déjà pour déterminer par exemple la valeur sociale et environnementale créée par un investissement (le *Social Return On Investment*). Ces pratiques se développent et doivent être accessibles à toutes les entreprises. Elles pourraient aussi aboutir à un étiquetage responsable des biens et des services qui indiquerait aux consommateurs à quel type d'entreprise ils achètent en un coup d'œil.

C'est une voie collective que nous devons emprunter le plus rapidement possible pour faire face, tous ensemble, aux défis écologiques, démographiques, numériques, sociaux et économiques de notre époque. L'innovation est au cœur de ces transformations. Pas seulement l'innovation technique, mais aussi l'innovation d'organisation, l'innovation managériale, l'innovation de financement, l'innovation dans la vision, même l'innovation dans la comptabilisation. Relever ces défis demande du courage, de l'audace et l'inventivité. Nous sommes convaincus que les entreprises n'en manquent pas.

Remerciements

Les auteurs remercient toutes les personnes qui ont accepté de partager la responsabilité et la rentabilité de leur entreprise dans ce livre et tous ceux qui ont organisé et facilité ces échanges.

En premier lieu Pascal Demurger qui a accepté d'écrire la préface de ce livre, merci aussi à Giulia Lecarrié et Aurore Billard (MAIF) ; Thomas Huriez (1083) ; Nicolas Chabanne (C'est qui le patron ?!) ; Emery Jacquillat (Camif-Matelsom) ; Thibault Lamarque, Marlène Rigault, Anne-Laure Brouillat (CASTALIE) ; Rémi Roux (Ethiquable) ; Armel de Lesquen (Famileo) ; Florence Hallouin (Hamac) ; Olivier Remoissonnet (La Brosserie Française) ; Guillaume Richard (Oui Care) ; Jean Moreau, Clément Carreau, Pierre Finot (PHENIX) ; David Guinard (Photosol) ; Marine Billiard (Saint Honoré Cleaning) ; Joël Tronchon (SEB) ; Dominique Schelcher, Thierry Desouches (Système U) ; Fanny Picard (Alter Equity) ; Eva Sadoun, Pierre Schmidtgall, Mélanie Lochkareff, Louis Vidal (LITA.co) ; Pauline de Saint Front (Cabinet de Saint Front) et Hervé Gbego (Compta Durable - Groupe SFC).

Ils remercient aussi toutes les personnes qui ont répondu au questionnaire publié au début de cette aventure et dont les réponses ont beaucoup inspirés.

Claire-Agnès Gueutin et Benjamin Zimmer remercient toutes les personnes qui ont accepté de discuter de ces sujets si passionnants, parfois pendant des heures, dont Ghislaine Alajouanine, Léo Astorino, Maxime Barluet de Beauchesne, Frédéric Bonomo, Laure Bramat-Génin, Michaël V. Dandrieux, Karim Duval, Éric Forest, Cécile Goral, Stéphane Marchand, Sergio Moura de Castro, Alexis Normand, Benjamin de Poncheville, Frédéric Ponchon et Jean Rochette.

Benjamin exprime sa gratitude à l'ensemble des femmes et des hommes, entrepreneurs et dirigeants d'entreprise qui ont accepté de partager leurs expériences sur la thématique de ce livre. Il dédie ce deuxième essai à sa femme Virginie et ses enfants, Maxandre et Roxane.

Claire-Agnès remercie Virginie Pereira, Jean Peissik et ses parents pour leurs soutiens appréciés, Pauline Alessandra et Fabien Gainier pour leurs conseils avisés, Soisic et Fançois Gueutin pour leurs regards affûtés et Olivier Roussel.

Références

Bibliographie

Yvon Chouinard et Vincent Stanley, *Un business responsable, Les leçons tirées de 40 ans d'expérience de Patagonia*, Vuibert, 2013 (traduction Sabine Rolland)

CJD avec Karin Boras, *Le carnet de bord du dirigeant responsable*, Eyrolles, 2014

Pascal Demurger, *L'entreprise du XXIe siècle sera politique ou ne sera plus*, Éditions de l'Aube, 2019

Malcolm Gladwell, *Le point de bascule*, Flammarion, 2016 (traduction Danielle Charron)

Thomas Huriez, *Re-made in France*, Dunod, 2019

Nicolas Menet et Benjamin Zimmer, *Startup, arrêtons la mascarade, Contribuer vraiment à l'économie de demain*, Dunod, 2018

Jacques Richard et Alexandre Rambaud, *Révolution comptable, Pour une entreprise écologique et sociale*, Éditions de l'Atelier, 2020

Nassim Nicholas Taleb, *Le cygne noir, La puissance de l'imprévisible*, Les Belles Lettres, 2010 (traduction Christine Rimoldy)

Quelques sites utiles

Les objectifs de développement durable de l'ONU : www.un.org/sustainabledevelopment/fr/objectifs-de-developpement-durable

ADEME :
www.ademe.fr

B-corp :
bcorporation.eu/about-b-lab/country-partner/france

CJD :
www.cjd.net

La communauté des entreprises à mission :
www.entreprisesamission.com

IME :
www.af-ime.fr

Mouves :
mouves.org

#NousSommesDemain :
noussommesdemain.fr

1 % pour la planète :
www.onepercentfortheplanet.fr

éditions ContentA

Les éditions
des entrepreneurs d'aujourd'hui
qui construisent
le monde de demain

Pour suivre l'actualité des éditions ContentA :

editionscontenta.com

Pour contacter Claire-Agnès Gueutin :

contact@editionscontenta.com